les lundi 12 et mardi 13 Novembre 1906

...tère DE Mᵉ MAURICE DELESTRE, Commissaire-Priseur

(HOTEL DROUOT)

CATALOGUE

DE

LIVRES MODERNES

ET DE

QUELQUES LIVRES ANCIENS

PROVENANT DE LA BIBLIOTHÈQUE

DE

M. ARNAUD DÉTROYAT

PREMIÈRE PARTIE

ÉDITIONS ORIGINALES D'AUTEURS CONTEMPORAINS. — LIVRES

MODERNES ILLUSTRÉS. — COLLECTIONS

PARIS

LIBRAIRIE HENRI LECLERC

219, RUE SAINT-HONORÉ, 219

ET 16, RUE D'ALGER

1906

CATALOGUE

DE

LIVRES MODERNES

LA VENTE AURA LIEU

LES LUNDI 12 ET MARDI 13 NOVEMBRE 1906

A 2 heures précises

HOTEL DES COMMISSAIRES-PRISEURS, 9, RUE DROUOT

Salle N° 7

Par le Ministère de **M° MAURICE DELESTRE**, commissaire-priseur

5, RUE SAINT-GEORGES, 5

Assisté de **M. HENRI LECLERC**, libraire

219, RUE SAINT-HONORÉ, 219

ET 16, RUE D'ALGER

EXPOSITION DE 2 HEURES A 4 HEURES

CONDITIONS DE LA VENTE

La vente se fait au comptant.

Les acquéreurs paieront 10 pour 100 en sus des enchères.

Les livres vendus devront être collationnés dans les vingt-quatre heures de l'adjudication. Passé ce délai, ils ne seront repris pour aucune cause.

M. LECLERC se réserve la faculté, dans l'intérêt de la vente, de réunir ou de diviser les numéros du catalogue. Il remplira les commissions qu'on voudra bien lui confier.

CATALOGUE

DE

LIVRES MODERNES

ET DE

QUELQUES LIVRES ANCIENS

PROVENANT DE LA BIBLIOTHÈQUE

DE

M. ARNAUD DÉTROYAT

PREMIÈRE PARTIE

ÉDITIONS ORIGINALES D'AUTEURS CONTEMPORAINS. — LIVRES
MODERNES ILLUSTRÉS. — COLLECTIONS

PARIS

LIBRAIRIE HENRI LECLERC

219, RUE SAINT-HONORÉ, 219

ET 16, RUE D'ALGER

1906

CATALOGUE

DE

LIVRES MODERNES

ET DE

QUELQUES LIVRES ANCIENS

LIVRES ANCIENS

1. ALMANACH national de France. Année commune 1793, l'an II de la République. *Paris, Testu*, 1793, in-8, mar. rouge, fil. dor., milieu orné des attributs révolutionnaires, coins ornés de bonnets phrygiens, dos orné, tr. dor. (*Rel. anc.*).

2. ALMANACHS ROYAUX. Année 1792, in-8, mar. vert, comp. de fil. et dent. dor., dos orné, tr. dor. (*Rel. anc.*). — Années 1814 et 1815, in-8, veau br. — Ens. 2 vol.

3. DEMOUSTIER (C.-A.). Lettres à Emilie sur la mythologie. *Paris, Ant.-Aug. Renouard*, 1812, 3 vol. in-18, figures par Moreau, veau rac., fil. et dent. dor., dent. int., tr. dor. (*Rel. de l'époque*).

4. DIDEROT. Le Neveu de Rameau, dialogue. Ouvrage posthume et inédit par Diderot. *Paris, Delaunay*, 1821, in-8, mar. bleu, dent. int., tête dor., non rog.

   ÉDITION ORIGINALE.

5. GRESSET. Œuvres choisies de Gresset. Edition ornée de figures en taille-douce dessinées par Moreau le jeune. *Paris, Saugrain, an II*, pet. in-12, mar. vert, fil. dor., dos orné, tr. dor. (*Rel. anc.*).

   5 figures dont 4 pour *Vert-Vert* et 1 pour le *Lutrin vivant*.

6. MONTESQUIEU. Le Temple de Gnide, suivi d'Arsace et Isménie. *Paris, P. Didot*, 1796, in-16, figures, mar. rouge à longs grains, encad. dor., tr. dor., encad. int., doublé de tabis bleu et rose, gardes de tabis rose, tr. dor. (*Rel. anc.*).

   Titre avec le portrait de Montesquieu par *Saint-Aubin* et 12 figures par *Regnault* et *Lebarbier* gravées par *Bertaux, Baquoy, de Ghendt*, etc. Exemplaire imprimé sur PAPIER VÉLIN, avec les figures AVANT la lettre.

7. PETIT-RADEL. De amoribus Pancharitis et Zoroae, poema erotico-didacticon, seu umbratica lucubratio de cultu Veneris Mileti olim peracto. *Parisiis, Didot junior, anno reip. gall. IX*, in-8, portrait et planches, veau fauve, encad. dor., dos orné, dent. int., tr. dor. (*A. Chaumont*).

> Exemplaire imprimé sur PAPIER ROSE.

8. PSALTERIUM DAVIDIS ad exemplar vaticanum anni 1592. *Lugduni, apud Joh. et Dan. Elsevirios, anno 1653*, pet. in-12, front. gravé, mar. rouge à longs grains, fil. dor. et rosaces, milieu orné, dos orné or et à fr., dent. int., tr. dor. (*Thouvenin*).

> Titre raccommodé.

9. RABELAIS. Œuvres. Nouvelle édition augmentée de quelques remarques nouvelles (de Le Duchat et La Monnoye). 1732 (*Paris, impr. Pierre Prault*). 6 tomes en 5 vol. pet. in-8, fig. et carte, demi-rel. chag. bleu, dos orné, tr. dor.

10. RECUEILS de pièces du XVIIIᵉ siècle. 2 vol. in-8, figures par Eisen, Moreau, Marillier, demi-rel. veau fauve, dos orné (*Rel. anc.*).

> DORAT. Lettre de Valcour, officier français, à Zeila, jeune esclave à Constantinople... *En France, 1764.* — Réponse de Valcour à Zeila... *Séb. Jorry, 1766.* — Les dévirgineurs et Combabus, contes en vers, suivis de Floricourt. *Amsterdam, 1765.* — Irza et Marsis, ou l'Isle merveilleuse. *La Haye et Paris, Delalain, 1769.* — Bagatelles anonymes, recueillies par un amateur. *Genève, 1766.* — Pygmalion, scène lyrique de M. J.-J. Rousseau mise en vers par M. Berquin, le texte gravé par Drouet. *Paris, 1775*, avec l'*Idylle*. — Lettre de l'abbé de Rancé à un ami écrite de son abbaye de la Trappe, par M. Barthe. *Genève et Paris, 1765.* — Lettre de Julie, fille d'Auguste, à Ovide. *Genève et Paris, 1766.* — Epître d'Héloïse à Abailard, imitée de Pope, par M. Mercier. *Vᵉ Duchesne, 1774.*

11. ROUGET DE L'ISLE. Essais en vers et en prose, par Joseph Rouget de l'Isle. *Paris, P. Didot, 1796*, in-8, figures et musique gravée, broché, non rogné.

> Frontispice, 1 figure par *Le Barbier*, gravée par *Gaucher*, avant la lettre, et 4 pages de musique avec titre gravé.

12. THOMAE A KEMPIS, de imitatione Christi, libri quatuor. *Lugduni, ex officina Elzeviriana, 1658*, pet. in-12, titre gravé, vélin (*Rel. anc.*).

ROMANTIQUES

ÉDITIONS ORIGINALES D'AUTEURS CONTEMPORAINS

13. AICARD (Jean). Les jeunes croyances. *A. Lemerre*, 1867 (ÉDIT. ORIG.). — Miette et Noré. *Id.*, 1880. — Le livre d'heures de l'amour, *Id.*, 1887 (ÉDIT. ORIG). — Ens. 3 vol., in-12, br. (*Couvert.*).

14. ASSELINEAU (Ch.). Histoire du sonnet pour servir à l'histoire de la poésie française. *Poulet-Malassis*, 1857 ; in-12. — L'enfer du bibliophile, vu et décrit par Ch. Asselineau. *J. Tardieu*, 1860, in-8. — Ens. 2 vol. br.

> ÉDITIONS ORIGINALES.

15. AUGIER (Emile). Théâtre. *Michel Lévy et Gosselin*, 10 vol. in-8 et in-12, br. (*Couvert.*).

> Les Lionnes pauvres, pièce, 1858, in-12. — La Jeunesse, comédie, 1858, in-12. — Les Effrontés, comédie, 1861. — Le fils de Giboyer, 1863. — Le Tour de France du fils de Giboyer. *Gosselin*, 1864, in-12. — Maître Guérin, 1865. — La Contagion, comédie, 1866. — Le post-scriptum, comédie, 1869, in-12. — Jean de Thommeray, comédie, 1874, in-12. — Les Fourchambault, comédie, 1878.
> ÉDITIONS ORIGINALES, sauf « les Fourchambault ».

16. BALZAC. Œuvres complètes. *Calmann Lévy*, 1869-1876, 24 vol., gr. in-8, brochés.

> PAPIER DE HOLLANDE.
> On y a joint : un dernier chapitre de l'histoire des œuvres de H. de Balzac, par Ch. de Lovenjoul. *Dentu*, 1880. — Histoire des œuvres de H. de Balzac, par le même. *Calm. Lévy*, 1888. — Répertoire de la Comédie humaine de H. de Balzac, par A. Cerfberr et J. Christophe. Avec une introduction de Paul Bourget. *Id.*, 1893. — Ens. 3 vol. in-8, brochés.

17. BANVILLE (Théodore de). Odes funambulesques. Avec un frontispice gravé à l'eau-forte par Bracquemond d'après un dessin de Charles Voillemot. *Paris, Poulet-Malassis*, 1857, in-12, frontisp., broché (*Couvert.*).

> ÉDITION ORIGINALE.
> Bel exemplaire.

18. BANVILLE (Théodore de). Les Exilés, par Théodore de Banville. *Paris, A. Lemerre*, 1867, in-12, broché (*Couvert.*).
> ÉDITION ORIGINALE.
> Un des 50 exemplaires imprimés sur PAPIER DE HOLLANDE.

19. BANVILLE (Théodore de). Poésies. 8 vol. pet. in-12 et in-12, brochés.

> Les Camées parisiens, frontispice à l'eau-forte de Ulm, 1re et 2e séries. *Pincebourde*, 1866, 2 vol. pet. in-12. — Nouvelles odes funambulesques. *Lemerre*, 1869. — Idylles prussiennes. *Id.*, 1871. — Trente-six ballades joyeuses, précédées d'une histoire de la ballade par Ch. Asselineau. *Id.*, 1873. — Les Princesses. *Id.*, 1874. — Nous tous, décembre 1883, mars 1884. Avec un dessin de G. Rochegrosse. *Charpentier*, 1884. — Dans la fournaise, dernières poésies. Avec un dessin de G. Rochegrosse. *Id.*, 1892.
>
> ÉDITIONS ORIGINALES.

20. BANVILLE (Théodore de). Théâtre. 4 vol. in-12, brochés (*Couvert.*).

> Florise, comédie. *Lemerre*, 1870. — Deïdamia, comédie héroïque. *Id.*, 1876. — Riquet à la houppe, comédie féerique. Avec un dessin de Rochegrosse gravé par F. Méaulle. *Charpentier*, 1884. — Le Baiser, comédie. Musique de P. Vidal. Dessin de G. Rochegrosse. *Charpentier*, 1888.
>
> ÉDITIONS ORIGINALES.

21. BARBEY D'AUREVILLY. Eugénie de Guérin. *Caen, A. Hardel*, 1855, in-16 de 64 p., broché (*Couvert.*).

> Extrait du volume publié sous le titre de : Eugénie de Guérin. *Reliquiae*, par G.-S. Trébutien et Barbey d'Aurevilly.
>
> PAPIER DE HOLLANDE.

22. BARBEY D'AUREVILLY. Les quarante médaillons de l'Académie. *Paris, Dentu*, 1864. — Memoranda. Préface de Paul Bourget. *Paris, Rouveyre*, 1883. — Ens. 2 vol. in-12, brochés (*Couvert.*).

> ÉDITION ORIGINALE.
> On y a joint : Dusolier (Alcide). Jules Barbey d'Aurevilly. Avec un portrait gravé à l'eau-forte par Alphonse Legros. *Dentu*, 1862, in-12, port., broché.

23. BARBIER (Auguste). Jambes. *Paris, U. Canel*, 1832, in-8, broché (*Couvert.*).

> ÉDITION ORIGINALE.
> Bel exemplaire.

24. BARBIER. Nouvelles satires, Pot-de-vin et Erostrate, par Auguste Barbier. *Paris, P. Masgana*, 1840, in-8, broché (*Couvert.*).

> ÉDITION ORIGINALE.
> Sur le faux-titre :
> *A Monsieur Rivoire, son ami Auguste Barbier.*

25. BAUDELAIRE (Charles). Les Fleurs du mal. *Paris, Poulet-Malassis et de Broise*, 1857, in-12, broché (*Couvert.*).

> ÉDITION ORIGINALE.
> Bel exemplaire.

26. BAUDELAIRE (Charles). Théophile Gautier. Notice littéraire précédée d'une lettre de Victor Hugo. *Paris, Poulet-Malassis, 1859*, in-12, broché (*Couvert.*).

    ÉDITION ORIGINALE.

27. BAUDELAIRE (Charles). Richard Wagner et Tannhauser à Paris. *Paris, Dentu, 1861*, in-12, broché (*Couvert.*).

    ÉDITION ORIGINALE.

28. BAUDELAIRE (Charles). Les Épaves, avec une eau-forte frontispice de Felicien Rops. *Amsterdam, 1866*, in-12, broché.

    ÉDITION ORIGINALE.
    Un des 250 exemplaires imprimés sur grand PAPIER VERGÉ DE HOLLANDE.

29. BÉRANGER. Chansons nouvelles, par M. J. de Béranger. *Paris, chez les marchands de nouveautés, 1825*, in-12, cart., non rog. (*Cart. de l'époque*).

    Troisième partie ORIGINALE.

30. BOUCHOR (Maurice). Les Chansons joyeuses, poésies. *Charpentier, 1874*. — Les Poèmes de l'amour et de la mer. *Id., 1876*. — Ens. 2 vol. in-12, brochés (*Couvert.*).

    ÉDITIONS ORIGINALES.

31. BOURGET (Paul). Romans. *Paris, Lemerre et Plon, 1884-1902*, 16 vol. in-12, brochés (*Couvert.*).

    L'Irréparable, 1884. — Études et portraits, 1889, 2 vol. — Physiologie de l'amour moderne, 1891. — Sensations d'Italie, 1891. — La terre promise, 1892. — Outre-Mer, 1895, 2 vol. — Une idylle tragique. 1896. — Recommencements, 1897. — Voyageuses, 1897. — La Duchesse bleue, 1898. — Complications sentimentales, 1898. — Drames de famille. *Plon-Nourrit, 1900*. — Monique. *Id., 1901*. — L'eau profonde. *Id., 1902*.
    ÉDITIONS ORIGINALES.

32. BRILLAT-SAVARIN. Physiologie du goût. *Paris, A. Sautelet, 1826*, 2 vol. in-8, 2 figures de Henry Monnier, demi-rel., veau fauve, dos orné, tr. dor. (*Rel. de l'époque*.).

    ÉDITION ORIGINALE.

33. CHAMPFLEURY. Les Chats. Histoire. Mœurs. Observations. Anecdotes. Illustré de 52 dessins par Eugène Delacroix, Viollet-le-Duc, Mérimée, Manet, Prisse d'Avennes, Ribot, Kreutzberger, Mind, Ok'saï, etc. *Paris, J. Rothschild, 1869*, in-12, broché (*Couvert.*).

    ÉDITION ORIGINALE.
    PAPIER DE HOLLANDE.

34. CHAMPFLEURY. *Paris, Dentu,* 1865-1888 ; 7 vol. in-12, figures, brochés (*Couvert.*).

> Histoire de la caricature moderne, 1865. — Histoire la caricature
> antique, 1865. — Histoire de l'imagerie populaire, 1869. — Histoire
> de la caricature au Moyen Age, 1872. — Histoire de la caricature sous
> la République, l'Empire et la Restauration, 1874. — Histoire de la
> caricature sous la Réforme et la Ligue, 1880. — Le musée secret de
> la caricature, 1888.
> On y a joint : Histoire des faïences patriotiques de la Révolution.
> *Dentu,* 1867, in-8, br. (L'ex. est mouillé).

35. COPPÉE (François). Le Passant, comédie en un acte, en vers
représentée pour la première fois sur le théâtre impérial de l'Odéon,
le 14 janvier 1869. *Paris, A. Lemerre,* 1869, in-12, broché (*Couvert.*).

> ÉDITION ORIGINALE, rare.

36. DAUDET (Alphonse). Sapho, mœurs parisiennes. *Charpentier,*
1884. — L'Immortel. *Lemerre,* 1888. — Soutien de famille.
Mœurs contemporaines. *Charpentier,* 1898. — Ens. 3 vol. in-12,
brochés (*Couvert.*).

> ÉDITIONS ORIGINALES.

37. DELVAU (Alfred). Histoire de la Révolution de février. *Paris,
Blosse, Garnier,* 1850, in-8, broché (*Couvert.*).

> Bel exemplaire.

38. DELVAU (Alfred). La Comtesse de Ponthieu, roman de chevalerie inédit. *Bachelin-Deflorenne,* 1865. — Aucassin et Nicolette,
roman de chevalerie provençal-picard. *Id.,* 1866. — Ens. 2 vol.
in-8, papier de Holl., brochés.

> Imprimés à 150 exemplaires dont 100 mis dans le commerce.

39. DELVAU (Alfred). Dictionnaire de la langue verte. Argots pa-
risiens comparés. *Paris, E. Dentu,* 1866, in-12, broché (*Couvert.
remontée*).

> ÉDITION ORIGINALE.
> Un des 100 exemplaires imprimés sur PAPIER DE HOLLANDE.

40. DIERX (Léon). Les Lèvres closes. *Paris, Lemerre,* 1867, in-12,
broché (*Couvert.*).

> ÉDITION ORIGINALE.

41. DONNAY (Maurice). Théâtre, 4 vol. in-12, br. (*Couvert.*).

> Amants, comédie. *Ollendorff,* 1897. — La Douloureuse, comédie.
> *Id.,* 1897. — L'autre danger. *Charpentier,* 1903. — Le retour de Jéru-
> salem. *Id.,* 1904. ÉDITION ORIGINALE.

42. DOVALLE (Ch.). Le Sylphe. Poésies de feu Ch. Dovalle, précé-

dées d'une notice par M. Louvet et d'une préface par Victor Hugo. *Paris, Ladvocat,* 1830, in-8, demi-rel. veau br.

ÉDITION ORIGINALE.

43. DROZ (G.). Monsieur, Madame et Bébé. *Hetzel, s. d.* — Le Cahier bleu de Mlle Cibot. *Id., s. d.* — Entre nous. *Id., s. d.* — Les Étangs. *Id., s. d.* — Tristesses et sourires. *V. Havard,* 1884. — Ens. 5 vol. in-12, brochés (*Couvert.*).

ÉDITIONS ORIGINALES.

44. DUMAS fils (Alexandre). Affaire Clémenceau. Mémoire de l'accusé. *Paris, Michel Lévy,* 1866, in-8, broché (*Couvert.*).

ÉDITION ORIGINALE.
On y a joint : La question du divorce. Sixième édition. *Calmann Lévy,* 1880, in-8, br.

45. DUMAS fils (Alexandre). Théâtre, 10 vol. in-12 et in-8.

Diane de Lys, comédie, 1855, in-12. — La question d'argent, comédie, 1857, in-12 (ÉDIT. ORIG.). — Un père prodigue, comédie, 1859, in-12. — Une visite de noces, comédie, 1871, in-12. — La critique de la visite de noces, comédie par H. de la Pommeraye, 1871, in-12. — Les idées de Mme Aubray, comédie, 1867. — La femme de Claude, pièce, 1873 (ÉDIT. ORIG.). — La princesse de Bagdad, pièce, 1881. — Denise, pièce, 1885. — Francillon, pièce, 1887 (ÉDIT. ORIG.).

46. FEUILLET (Octave). Histoire d'une parisienne. *Paris, Calmann Lévy,* 1881, in-12, broché (*Couvert.*).

ÉDITION ORIGINALE.
Un des 30 exemplaires imprimés sur PAPIER DE HOLLANDE.

47. FLAUBERT (Gustave). Salammbô, par Gustave Flaubert. *Paris, Michel Lévy,* 1863, in-8, broché (*Couvert.*).

ÉDITION ORIGINALE.

48. FLAUBERT (Gustave). L'Éducation sentimentale. Histoire d'un jeune homme. *Paris, Michel Lévy,* 1870, 2 vol. in-8, brochés (*Couvert.*).

ÉDITION ORIGINALE.

49. FRANCE (Anatole). Les Noces corinthiennes. *Paris, Lemerre,* 1876, in-12, broché (*Couvert.*).

ÉDITION ORIGINALE.

50. FRANCE (Anatole). Jocaste et le chat maigre. *Paris, Calmann Lévy,* 1879, in-12, broché (*Couvert.*).

ÉDITION ORIGINALE.

51. FRANCE (Anatole). Les Désirs de Jean Servien. *Paris, Lemerre,* 1882, in-12, broché (*Couvert.*).

ÉDITION ORIGINALE.

52. FRANCE (Anatole). Les Opinions de M. Jérôme Coignard. *Paris, Calmann Lévy,* 1893, in-12, broché (*Couvert.*).

    Edition originale.

53. FRANCE (Anatole). Le Jardin d'Epicure. *Paris, Calmann Lévy,* 1895, in-12, broché (*Couvert.*).

    Edition originale.

54. FRANCE (Anatole). Le Puits de sainte Claire. *Paris, Calmann Lévy,* 1895, in-12, broché (*Couvert.*).

    Edition originale.

55. FRANCE (Anatole). L'Orme du Mail. *Paris, Calmann Lévy,* 1897, in-12, broché (*Couvert.*).

    Edition originale.

56. FRANCE (Anatole). Le Mannequin d'osier. *Paris, Calmann Lévy,* 1897, in-12, broché (*Couvert.*).

    Edition originale.

57. FRANCE (Anatole). Pierre Nozière. *Paris, Lemerre,* 1899, in-12, broché (*Couvert.*).

    Edition originale.

58. FRANCE (Anatole). Monsieur Bergeret à Paris. *Paris, Calmann Lévy, s. d.,* in-12, broché (*Couvert.*).

    Edition originale.

59. FRANCE (Anatole). L'Anneau d'améthyste. *Paris, Calmann Lévy,* 1899, in-12, broché (*Couvert.*)

    Edition originale.

60. FRANCE (Anatole). Sur la pierre blanche. *Paris, Calmann Lévy, s. d.,* in-12, broché (*Couvert.*).

    Edition originale.

61. FRANCE (Anatole). Crainquebille, Putois, Riquet et plusieurs autres récits profitables. *Paris, Calmann Lévy, s. d.,* in-12, broché (*Couvert.*).

    Edition originale.

62. FRANCE (Anatole). La Vie littéraire, 1re, 2e et 4e séries. *Paris, Calmann Lévy,* 1888-94, 3 vol. in-12, br. (*Couvert.*).

    Edition originale.

63. GAUTIER (Th.). La Comédie de la mort. *Paris, Desessart,* 1838, in-8, frontisp. de Lacoste, broché (*Couvert.*).

    Edition originale.
    Bel exemplaire.

64. GAUTIER (Théophile). Les Grotesques. *Paris, Desessart,* 1844, 2 vol. in-8, brochés (*Couvert.*).

> EDITION ORIGINALE. Exemplaire avec nombreuses annotations au crayon, par Sainte-Beuve.
> On y a joint une lettre autographe de Théophile Gautier.

65. GAUTIER (Théophile). Honoré de Balzac. Edition revue et augmentée, avec un portrait gravé à l'eau-forte par E. Hédouin. *Paris, Poulet-Malassis,* 1859, in-12, port., broché (*Couvert.*).

66. GAUTIER (Théophile). Émaux et camées. *Paris, René Pince-bourde,* 1863, pet. in-12, frontispice par E. Thérond, broché (*Couvert.*).

> Seconde édition, augmentée.

67. GAUTIER (Théophile). 6 vol. in-12 et in-8 brochés.

> Spirite. *Charpentier,* 1866 (EDIT. ORIG.). — Ménagerie intime. *Lemerre,* 1869 (EDITION ORIGINALE). — Émaux et camées. Edition définitive, ornée d'une eau-forte par J. Jacquemart. *Charpentier,* 1872. — Feydeau (E.). Théophile Gautier. Souvenirs intimes. Portrait par Rajon. *Plon,* 1874. — Nicolardot (Louis). L'impeccable Théophile Gautier et les sacrilèges romantiques. *Tresse,* 1883. — Nicolardot. Théophile Gautier, peintre. *Baur,* 1877, br. in-8.

68. GAUTIER (Le tombeau de Théophile). *Paris, A. Lemerre,* 1873, pet. in-4, portrait, broché (*Couvert.*).

69. GIRARDIN (Émile de) et DUMAS (Alexandre) fils. La Fille du millionnaire, comédie. *Librairie nouvelle,* 1858, in-12. — Le Supplice d'une femme, drame. *Michel Lévy,* 1865. — Les deux sœurs, drame. *Id.,* 1865. — Histoire du Supplice d'une femme. Réponse à M. Emile de Girardin par Alexandre Dumas fils. *Id.,* 1865. — Ens. 4 vol. in-12 et in-8, br.

> EDITIONS ORIGINALES.

70. GONCOURT (Edmond et Jules de). Histoire de la Société française pendant la Révolution (et pendant le Directoire). *Paris, Dentu,* 1854-1855, 2 vol. in-8 brochés (*Couvert.*).

71. GONCOURT (Edmond et Jules de). Madame Gervaisais. *Paris, A. Lacroix,* 1869, in-8, broché (*Couvert.*).

> EDITION ORIGINALE.

72. GUÉRIN (Maurice de). Reliquiae, publié par G.-S. Trébutien. Avec une étude biographique et littéraire par M. Sainte-Beuve. *Paris, Didier,* 1861, 2 vol. in-16, brochés (*Couvert.*).

> EDITION ORIGINALE.

73. HALÉVY (Ludovic). Madame et Monsieur Cardinal. 12 vignettes par Edmond Morin. *Michel Lévy,* 1872. — Karikari. *Calm. Lévy,* 1892. — Ens. 2 vol. in-12, brochés (*Couvert.*).

> EDITIONS ORIGINALES.

74. HEREDIA (José-Maria de). Les Trophées. *Paris, A. Lemerre,*
1893, in-12, broché (*Couvert.*).

PREMIÈRE ÉDITION IN-12.

75. HOUSSAYE (Henry). 1814. *Perrin,* 1888. — 1815. La première
Restauration. Le retour de l'île d'Elbe. Les Cent-Jours. *Id.,* 1893.
— 1815. La seconde abdication. La Terreur blanche. *Id.,* 1905.
— Ens. 3 vol. in-8, brochés (*Couvert.*).

EDITION ORIGINALE pour les deux premiers volumes.

76. HUGO (Victor). Odes. *Paris, Persan,* 1823, in-18, br. (*Couvert.*).
Seconde édition, augmentée de deux odes nouvelles.

77. HUGO (Victor). Nouvelles odes. *Paris, Ladvocat,* 1824, in-18,
frontispice par Devéria, broché (*Couvert.*).

EDITION ORIGINALE.
Bel exemplaire.

78. HUGO (Victor), Cromwell, drame, par Victor Hugo. *Paris, A.
Dupont,* 1828, in-8, demi-rel. veau fauve, dos orné, non rog.
(*Rel. de l'époque*).

EDITION ORIGINALE.
On y a joint une lettre autographe de Victor Hugo à M. Duvergier
l'invitant à la reprise de *Marion Delorme.*

79. HUGO (Victor). Poésies. *Paris, Hetzel et Quantin, A. Lacroix,
Calmann Lévy,* 1856-1882, 13 vol. in-8, br. (*Couvert.*).

Les Contemplations, 1856, 2 vol. (EDIT. ORIG.). — Les Chansons des
rues et des bois, 1866 (EDIT. ORIG.). — L'art d'être grand-père, 1877
(EDIT. ORIG.). — Le Pape, 1878 (EDIT. ORIG.). — La Pitié suprême
1879. — L'Ane, 1880. — Religions et religion, 1880. — Les quatre
vents de l'Esprit, 1881, 2 vol. (EDIT. ORIG.). — Le même ouvrage,
1881, 2e édition, 2 vol. — Torquemada, drame, 1882 (EDIT. ORIG.).

80. HUGO (Victor). La Légende des siècles. Première série. Les
petites épopées. *Michel Lévy,* 1859, 2 vol. — Nouvelle série. *Id.,*
1877, 2 vol. — Tome V et dernier. *Id.,* 1883. — Ens. 5 vol. in-8,
br. (*Couvert.*).

EDITION ORIGINALE.

81. HUGO (Victor). Les Misérables. *Paris, Pagnerre,* 1862, 10 vol.
in-8, br. (*Couvert.*).

EDITION ORIGINALE.
Les dos des couvertures manquent.

82. HUGO (Victor). Actes et paroles, 1870-1871-1872. *Michel Lévy,*
1872 (EDITION ORIGINALE). — L'Année terrible. *Id.,* 1872. — Les
Châtiments, seule édition complète. *Hetzel,* s. d. (PAP. DE HOLL.).
— Ens. 3 vol. in-12, br.

83. HUGO (Victor). Prose et Roman. *Calmann Lévy, A. Lacroix,* 1864-1883, 10 vol. in-8, br. (*Couvert.*).

William Shakespeare, 1864 (EDITION ORIGINALE). — Les Travailleurs de la mer, 1866, 3 vol. (EDITION ORIGINALE). — Quatre-vingt-treize, 1874, 3 vol. — Histoire d'un crime. Déposition d'un témoin, 1877-1878, 2 vol. — L'Archipel de la Manche, 1883.

84. HUGO (Victor). L'Homme qui rit. *Paris, A. Lacroix,* 1869, 4 vol. in-8, br. (*Couvert.*).

EDITION ORIGINALE.

85. HUGO (Victor). Œuvres posthumes. *Hetzel et Quantin, Calmann Lévy,* 1886-1902, 10 vol. in-8 br. (*Couvert.*).

La fin de Satan, 1886. — Théâtre en liberté, 1886. — Choses vues, 1887. — Toute la lyre, 1888, 2 vol. — Drame. Anny Robsart. Les Jumeaux. 1889. — Dieu, 1891. — Correspondance (1815-1882), 1896-1898. — Choses vues. Nouvelle série, 1900. — Post-scriptum de ma vie, 1901. — Dernière gerbe, 1902.
EDITIONS ORIGINALES.

86. HUGO (Victor). Chez Victor Hugo, par un passant (E. Le Canu). Avec 12 eaux-fortes par M. Maxime Lalanne. *Paris, Cadart et Luquet,* 1864, in-8, figures. — 1827-1879. Victor Hugo, ses portraits et ses charges catalogués par A. Bouvenne. *Baur,* 1879, 3 eaux-fortes, in-12. — Victor Hugo, par Paul de Saint-Victor. *Calm. Lévy,* 1885, in-8. — Ens. 3 vol. br.

87. HUGO (Mme Victor). Victor Hugo raconté par un témoin de sa vie. *Paris, A. Lacroix,* 1863, 2 vol. in-8, br. (*Couvert.*).

88. JANIN (Jules). Les Amours du chevalier de l'osseuse. *Miard,* 1867. — L'Interné, *Michel Lévy,* 1869. — La Muette. *Librairie des bibliophiles,* 1871. — Ens. 3 vol. in-12, br. (*Couvert.*).

EDITIONS ORIGINALES.

89. LAMARTINE. La Mort de Socrate, poème. *Paris, Ladvocat,* 1823, in-8, br. (*Couvert.*).

EDITION ORIGINALE.

90. LAMARTINE (A. de). Nouvelles méditations poétiques. *Paris, Urbain Canel,* in-8, broché (*Couvert.*).

EDITION ORIGINALE.
Bel exemplaire.

91. LASSAILLY. Les Roueries de Trialph, notre contemporain, avant son suicide. *Paris, Silvestre,* 1833, in-8, br. (*Couvert.*).

EDITION ORIGINALE, très rare.
Le dos de la couverture manque.

92. LECONTE DE LISLE. Hésiode. Hymnes orphiques. Théocrite.

Bion. Moskhos. Tyrtée. Odes anacréontiques. Traduction nouvelle.
Paris, A. Lemerre, 1869, in-8, broché (*Couvert.*).

Édition originale.
Papier de Hollande.

93. LECONTE DE LISLE. Eschyle. Traduction nouvelle. *Paris,
A. Lemerre,* 1872, in-8, broché (*Couvert.*)

Édition originale.
Papier de Hollande.

94. LECONTE DE LISLE. Poèmes barbares. Edition définitive,
revue et considérablement augmentée. *Lemerre,* 1872. — Poèmes
antiques. Edition définitive. *Id.,* 1874. — Poèmes tragiques. *Id.,*
1884. — Ens. 3 vol. in-8, brochés.

Exemplaires imprimés sur papier de Hollande.

95. LECONTE DE LISLE. Sophocle. Traduction nouvelle. *Paris,
A. Lemerre,* 1877, in-8, broché (*Couvert.*).

Édition originale.
Un des 40 exemplaires imprimés sur papier de Hollande.

96. LECONTE DE LISLE. Euripide. Traduction nouvelle. *Paris,
A. Lemerre,* 1884, 2 vol. gr. in-8, brochés.

Édition originale.
Un des 40 exemplaires imprimés sur papier de Hollande.

97. LOTI (Pierre). Romans, discours, théâtre. *Paris, Calmann Lévy,*
1887-1899, 18 vol. in-12, brochés (*Couvert.*).

Propos d'exil, 1887. — Japoneries d'automne. 1889. — Au Maroc.
1890. — Le roman d'un enfant, 1890. — Discours de réception à l'A-
cad. franç. — Le Livre de la piété et de la mort, 1891. — Fantôme
d'Orient, 1892. — L'Exilée, 1893. — Jérusalem, 1895. — Le Désert,
1895. — La Galilée, 1896. — Figures et choses qui passaient, 1898.
— Judith Renaudin, drame, 1898. — Reflets sur la sombre route,
1899. — Vers Ispahan, S. d. — La troisième jeunesse de Madame
Prune. S. d. — Les derniers jours de Pékin. S. d. — L'Inde (sans les
Anglais). S. d.
Éditions originales.

98. LEMAITRE (Jules). Théâtre. *Paris, Calmann Lévy,* 1889-1898.
7 vol. in-12, br.

Révoltée, pièce, 1889. — Mariage blanc, drame, 1891. — Le député
Leveau, comédie, 1891. — Flipote, comédie, 1893. — Le Pardon,
1895. — La Massière, comédie, 1905. — L'Aînée, comédie, 1898.
Éditions originales.

99. LITTRÉ (E.). Dante. L'Enfer, mis en vieux langage françois et
en vers, accompagné du texte italien et contenant des notes et un
glossaire par E. Littré. *Paris, Hachette,* 1879, in-12, br.

Édition originale.

100. LOUŸS (Pierre). La Femme et le Pantin. Roman espagnol

orné d'une reproduction en héliogravure du Pantin, de Goya. *Paris,
Mercure de France*, 1898, in-8, broché (*Couvert.*).

101. LOUŸS (Pierre). Les Chansons de Bilitis, traduites du grec
par Pierre Louys, et ornées d'un portrait de Bilitis dessiné par
P. Albert Laurens, d'après le buste polychrome du Musée du Lou-
vre. *Paris, Mercure de France*, 1898, in-8, figure, broché (*Couvert.*).

102. MAUPASSANT (Guy de). Le Père Milon. Contes inédits. *P.
Ollendorff*, 1899. — Le Colporteur. *Id.*, 1900. — Ens. 2 vol. in-12,
br. (*Couvert.*).

    ÉDITIONS ORIGINALES.

103. MEILHAC et HALÉVY Théâtre. *Paris, Calm. Lévy, s. d.*,
8 vol. in-12, br. (*Couvert.*).

104. MENDES (Catulle). Philoméla, livre lyrique. Avec une eau-
forte par Bracquemond. *Paris, Hetzel*, 1863, in-12, broché (*Couvert.*).

    ÉDITION ORIGINALE.

105. MERIMEE (Prosper). La Guzla, ou choix de poésies illyriques,
recueillies dans la Dalmatie, la Bosnie, la Croatie et l'Herzego-
wine. *Paris, Levrault*, 1827, pet. in-12, frontisp., cart., non rog.

    ÉDITION ORIGINALE.

106. MERIMEE (Prosper), 1572. Chronique du temps de Charles IX.
Paris, Alexandre Mesnier, 1829, in-8, dos et coins veau olive, tr.
marb. (*Germain-Simier*).

    ÉDITION ORIGINALE.

107. MICHELET (J.). Du Prêtre, de la Femme, de la Famille. *Paris,
Hachette, Paulin*, 1845, in-8, br. (*Couvert.*).

    ÉDITION ORIGINALE.
    On y a joint : Préface de la 3ᵉ édition *du prêtre, de la femme, de la
famille. Paris, Comptoir des imprimeurs-unis*, 1845, broch. in-8.

108. MICHELET (J.). L'Insecte. *Hachette*, 1858. — L'Amour. *Id.*,
1859. — La Femme. *Id.*, 1860. — La Mer. *Id.*, 1861. — Bible de
l'humanité. *Chamerot*, 1864. — La Montagne. *Lacroix*, 1868. —
Nos Fils. *Id.*, 1870. — Ens. 7 vol. in-12, br. (*Couvert.*).

    ÉDITIONS ORIGINALES.

109. MONSELET (Charles). Les Vignes du Seigneur. *Paris, V. Le-
cou*, 1854, in-32, br. (*Couvert.*).

    ÉDITION ORIGINALE, imprimée en rose.
    Bel exemplaire.

110. MONSELET (Charles). La Lorgnette littéraire. Dictionnaire
des grands et des petits auteurs de mon temps. *Poulet-Malassis,*

2

1857. — La Lorgnette littéraire. Complément. *Pincebourde,* 1870. — Ens. 2 vol. in-16, br. (*Couvert.*).

EDITIONS ORIGINALES.

111. MONSELET (Charles). Rétif de la Bretonne, sa vie et ses amours. Documents inédits. Catalogue complet et détaillé de ses ouvrages suivi de quelques extraits. Avec un beau portrait gravé par Nargeot et un fac-simile. *Paris, Aubry,* 1858, in-12, broché (*Couvert.*).

112. MONSELET (Charles). Les Créanciers, œuvre de vengeance, avec une cruelle eau-forte d'Emile Bénassit. *Paris, René Pincebourde,* 1870, gr. in-8, frontispice, br. (*Couvert.*).

Un des 25 exemplaires imprimés sur PAPIER TIMBRÉ contenant la frontispice par *Bénassit,* en deux états AVANT la lettre.

113. MONSELET (André). Charles Monselet, sa vie, son œuvre. Préface par M. Jules Claretie. *Paris, Em. Testard,* 1892, in-8, fig., broché.

114. MURGER (Henry). Les Nuits d'hiver. Poèsies complètes suivies d'études sur Henry Murger, par MM. Jules Janin, Th. Gautier, P.-A. Fiorentino, A. Houssaye, Paul de Saint-Victor. *Michel Lévy,* 1861, in-12, br. (*Couvert.*).

EDITION ORIGINALE.

On y a joint : Henry Murger, par Th. Pelloquet. *Librairie nouvelle,* 1861, in-12, br.

115. PAILLERON (Edouard). Le Monde où l'on s'ennuie, comédie. *Calm. Lévy,* 1881, 6° et 12° éditions, 2 vol. — La Souris, comédie. *Id.,* 1888 [EDIT. ORIG.]. — Cabotins ! comédie. *Id.,* 1894 [EDIT. ORIG.]. — Ens. 4 vol. in-8, br.

On y a joint : Pailleron. Les Parasites. *Michel Lévy,* 1861, in-12, br. [EDIT. ORIG.].

116. POETES CONTEMPORAINS. *Paris, Lemerre,* 1868-71, 16 broch. in-12 (*Couvert.*).

BERGERAT (E.). Le maître d'école, 1870. A Chateaudun, 1871. Strasbourg, strophes, 1871. — COPPÉE (Fr.). Intimités, 1868. Deux douleurs, 1870. Lettre d'un mobile breton, 1870. Plus de sang, 1871. Fais ce que dois, 1871. — FRANK. La liorde allemande, 1871. — GLATIGNY (A.). Rouen, 1431, 1870, 1871. — LAGAUSSADE (A.). Cri de guerre, 1870. — LECONTE DE LISLE. Le Sacre de Paris, strophes, 1871. Le Soir d'une bataille, poème, 1871. — MENDÈS (C.). Odelette guerrière, 1870. La colère d'un franc-tireur, 1870. — RENAUD (A.). Au bruit du canon, 1871. — SOULARY (J.). Pendant l'invasion, 1871. — THEURIET (A.). Les paysans de l'Argonne, 1792 (1870).

EDITIONS ORIGINALES.

117. POETES CONTEMPORAINS. *Paris, Lemerre,* 1866-1881, 5 vol. in-12, br.

CHABRE (A. de). Boutades sur l'amour et le mariage. Les vieux gar-

çons. Les jeunes filles, 1866. — DOBILLON (E.). La chanson d'hier, poésies, 1881. — GRENIER (Ed.). Amicis, 1868. — JOLIET (Ch.). Les Athéniennes, s. d. — THEURIET (A.). Le chemin des bois, poèmes et poésies, 1867.
ÉDITIONS ORIGINALES.

118. POETES CONTEMPORAINS, 5 vol. in-12, br.

AVENEL (P.). Alcôve et boudoir. *Quantin*, 1885. — CHEBROUX (E.). Chansons et toasts. Préface par A. Silvestre. *Flammarion, s. d.* — GRAMONT (Cte F. de). Olim. Sextines et sonnets. *Ollendorff*, 1882. — MAUPASSANT (Guy de). Des vers. *Havard*, 1884. — NORMAND (J.). Paravents et tréteaux. *Calm. Lévy*, 1881.

119. POETES CONTEMPORAINS, 4 vol. in-12, br.

DELAIR (P.). Les contes d'à présent, avec une lettre de C. Coquelin. *Ollendorff*, 1881. — FRANK (F.). Le poème de la jeunesse (1865-1875). *Michel Lévy*, 1876. — LIÉGEARD (Stéphen). Les grands cœurs. *Hachette*, 1882. — MISTRAL (Fr.). Nerto, nouvelle provençale avec la traduction française en regard. *Id.*, 1884.
ÉDITIONS ORIGINALES.

120. POETES CONTEMPORAINS, 8 vol. in-16, in-12 et in-8, br.

CATALAN (E.), 1864. Rime et raison, ou proverbes, apophthegmes, etc., *Paris, s. d.* — DIGUET (Ch.). Blondes et brunes. *Jouaust*, 1866. — LAFENESTRE (G.). Les Espérances. *Tardieu*, 1864. — LEMOYNE (A.). Les Charmeuses. *F. Didot, s. d.*, in-8. Chemin perdu. *Id.*, 1863. — TREBUTIEN. Le livre des hirondelles. *Didier*, 1867. — Les Roses de Noel, dernières fleurs, par J.-T. de St-Germain. *Tardieu*, 1860. — Histoires naturelles, par un membre de plusieurs sociétés savantes. *Drouin, s. d.*

121. POETES DU XIXe SIÈCLE. *Paris, Charpentier*, 1840-1886, 5 vol. in-12, br.

HUGUES (Cl.). Les Evocations, poésies, 1885. — LAPRADE (V. de). Poèmes évangéliques, 1853. — MILLEVOYE. Poésies, 1840. — NAQUET (F.). Haute école, poésies, 1886. — NARDIN (G.). Les Horizons bleus (1876-1880), 1880.

122. POETES DU XIXe SIECLE, 9 vol. in-12 et in-8, br.

DUSEIGNEUR (M.). Marcelle, poème parisien, 4 eaux-fortes. *Librairie des Bibliophiles*, 1877. — LABESSADE. La Sémiramis ailée. Avec une lettre de Victor Hugo. Eau-forte de Em. Hébert. *Mouveau*, 1875. — MARC-MONNIER. Le Faust de Gœthe. *Fischbacher*, 1883, pet. in-12. — MILLAUD (A.). Fantaisies de jeunesse. *Paris*, 1866, in-8. Petite Némésis, 1869-1871. *Jouaust*, 1872, pet. in-12. — PIEDAGNEL (Al.). Avril. *Liseux*, 1877, fig. par Lalauze. Exempl. sur PAPIER DE CHINE. — RATISBONNE (L.). Les figures jeunes, poésies. *Hetzel*, 1865, in-8. — TASSET (A). La suite du Virgile travesti de Scarron en vers burlesques. *Hachette*, 1865, pet. in-18. — SIVET (D.). Les énamourées. Avec lettres de F. Coppée et J. Soulary et préface par J. Claretie. *Dentu*, 1885, pet. in-12.

123. POETES DU XIXe SIECLE, 6 vol. in-12, br.

> Brizeux (A.). Œuvres complètes. *Michel Lévy*, 1861, 2 vol. — Des Essarts (Emm.). Poésies parisiennes. *Poulet-Malassis*, 1862. — Gobineau (Comte de). L'Aphroessa. *Maillet*, 1869. — Mabille (V.). Les cigarettes, poésies. *Dentu, s. d.*, pet. in-12. — Veuillot (L.). Les couleuvres. *Palmé*, 1869.

124. POETES DU XIXe SIECLE, 15 broch. et vol. in-12 et pet. in-12, br.

> Canivet (Ch.). Le long de la côte, poésies. *Lemerre*, 1883. — Un mois terrible, Août-septembre 1870. *Fischbacher*, 1875. — Les Sonnets de la mariée, par O'Tanael. *Paris*, 1867. — Lahor (Cazalis). Le Cantique des cantiques. Traduction en vers. *Lemerre*, 1885. — Coppée (Fr.). A leurs majestés l'Empereur et l'Impératrice de Russie. *Id.*, 1896. — Heredia (J.-M. de). Salut à l'Empereur, stances. *Id.*, 1896. — Coppée (F.). L'Exilée, poésies. L'oiseau moqueur sur une branche de houx, par Ardou Duclent. *Ledoyen*, 1857. — Un rêve. Ballade par Alfred de Musset. *Rouquette*, 1875, etc., etc.

125. PONSARD (François). La Bourse, comédie. *Michel Lévy*, 1856, in-12 [Edit. orig.]. — Le Lion amoureux, comédie. *Id.*, 1866 [Edit. orig. et 5e édition, 2 vol.]. — Galilée, drame. *Id.*, 1867 [Edit. orig.]. — Ens. 4 vol. in-12 et in-8, br.

126. PRÉVOST (Marcel). Les Demi-Vierges. Illustrations de Rossi. *Paris, Lemerre, s. d.* — Les Vierges fortes. Leâ. *Id.*, 1900. — L'Heureux ménage. *Id.*, 1901. — Ens. 3 vol, in-12, brochés (*Couvert.*).

> Editions originales pour les deux derniers volumes.

127. RENAN (Ernest). Etudes d'histoire religieuse, 1857. — Essais de morale et de critique, 1859. — Le Cantique des Cantiques, 1860. — L'Ecclésiaste, 1882. — Nouvelles études d'histoire religieuse, 1884. — Mélanges religieux et historiques, 1904. *Paris, Michel et Calmann Lévy*, 1857-1904, 6 vol. in-8 brochés.

> On y a joint : La chaire d'hébreu au Collège de France, 1862. — De la part des peuples sémitiques dans l'histoire de la civilisation, 1862. — Le Judaïsme comme race et comme religion, 1883. Ens. 3 brochures in-8.
>
> Editions originales.

128. RENAN (Ernest). Histoire des origines du christianisme. — Vie de Jésus. — Les Apôtres. — Saint Paul. — L'Antéchrist. — Les Evangiles et la seconde génération chrétienne. — L'Eglise chrétienne. — Marc-Aurèle et la fin du monde antique. — Index général. *Paris, Michel et Calmann Lévy*, 1863-1883, 8 vol. in-8, brochés (*Couvert.*).

> Editions originales.
> On y a joint la *Vie de Jésus*, 1867, in-8, br.

129. RENAN (Ernest). Mélanges. *Paris, Michel et Calmann Lévy*, 1868-1896, 8 vol. in 8, brochés.

Questions contemporaines, 1868. — La Réforme intellectulle et morale, 1872. — Mélanges d'histoire et de voyages, 1878. — Souvenirs d'enfance et de jeunesse, 1883. — Discours et conférences, 1887. — L'Avenir de la science (Pensées de 1848), 1890. — Feuilles détachées, 1892. — Lettres intimes, 1896.

ÉDITIONS ORIGINALES, sauf pour le second ouvrage.

130. RENAN (Ernest) Dialogues et drames philosophiques. *Paris, Calmann Lévy*, 1876-88, 6 vol. in-8, brochés.

Dialogues et fragments philosophiques, 1876. — Caliban, suite de la Tempête, drame philosophique, 1878 (ÉDIT. ORIG.). — L'Eau de Jouvence, suite de Caliban, 1881 (ÉDIT. ORIG.). — L'Abbesse de Jouarre, drame, 1886 (ÉDIT. ORIG.). — Le Prêtre de Némi, drame philosophique, 1886 (ÉDIT. ORIG.). — Drames philosophiques, 1888.

131. RENAN (Ernest). Histoire du peuple d'Israël. *Paris, Calmann Lévy*, 1887-1894, 5 vol. in-8, brochés (*Couvert.*).

ÉDITION ORIGINALE.

132. RICHEPIN (Jean). Les Caresses. *Paris, Dreyfous*, 1880. — Mes Paradis. *Charpentier*, 1894. — La Bombarde. Contes à chanter. *Id.*, 1899. — Ens, 3 vol. in-12, brochés (*Couvert.*).

ÉDITIONS ORIGINALES.

133. RICHEPIN (Jean). La Chanson des Gueux. Édition définitive. Portrait par E. de Liphart. *Paris, Dreyfous*, 1881. — Pièces supprimées. *Bruxelles, Kistemaeckers*, 1881. — Les Caresses. *Dreyfous*, 1882. — Le Pavé. *Id.*, 1883. — La Glu. Édition définitive. *Id.*, 1883. — Les Blasphèmes. *Id.*, 1885. — Ens. 6 vol. pet. in-12, brochés.

134. RICHEPIN (Jean). Les Blasphèmes. Avec un portrait de l'auteur, par E. de Liphart. *Paris, M. Dreyfous*, 1884, in-4, portrait, broché (*Couvert.*).

Exemplaire imprimé sur PAPIER DE HOLLANDE ; portrait en double état.

135. RICHEPIN (Jean). Théâtre. *Paris, Charpentier, Dreyfous*, 1886-98. 6 vol. in-8, brochés (*Couvert.*).

Monsieur Scapin, comédie en vers, 1886. — Le Flibustier, comédie en vers, 1888. — Par le glaive, drame en vers, 1892. — Vers la joie, conte bleu, en vers, 1894. — Le Chemineau, drame en vers, 1897. — La Martyre, drame en vers, 1898.

ÉDITIONS ORIGINALES, sauf le *Flibustier*.

136. RICHEPIN (Jean). Romans. *Paris, Dreyfous, Charpentier*, 1888-1900, 9 vol. in-12, brochés (*Couvert.*).

Césarine, *Dreyfous*, 1888. — Quatre petits romans. *Id.*, s. d. — Le Cadet, 1890. — Truandailles, 1890. — L'Aimé, 1893. — Flamboche, roman parisien, 1895. — Théâtre chimérique, 1896. — Grandes Amoureuses, 1896. — Lagibasse, roman magique, 1900.

ÉDITIONS ORIGINALES.

137. ROLLINAT (Maurice). Les Névroses. *Paris, Charpentier,* 1883,
portrait. — Dans les brandes, poèmes et rondels. *Id.,* 1883, portrait. — L'Abîme, poésies. *Id.,* 1886. — Ens. 3 vol. in-12, brochés
(*Couvert.*).

    ÉDITIONS ORIGINALES.

138. ROMANS CONTEMPORAINS. 19 vol. in-12, br.

    CHAMPFLEURY. Monsieur Tringle, 1866, pet. in-12. — CLARETIE (J.).
Brichanteau célèbre, 1905. — DUBUT (G.). Fin de Rêve, 1889. —
FEUILLET (O.). Histoire d'une Parisienne, 1881. — HERVIEU (P.).
Flirt, 1890. — LAMBERT (Juliette). Païenne, 1883. — LAVEDAN (H.).
Le Vieux marcheur, 1899. La Valse des départs, s. d. Ens. 2 vol.
— LE ROUX (H.). Le Chemin du crime, 1889. — LOTI (P.). Jéru-
salem. — MANCEL (G.). La vie à grandes guides, s. d. — MARGUE-
RITTE (P.). Sur le retour, roman, s. d. — PALÉOLOGUE (M.). Sur les
Ruines, 1897. — QUATRELLES. Le Parfait causeur. *Hetzel, s. d.* —
ROQUEPLAN (Nestor). Parisine. *Hetzel, s. d.* — BOURDEAU DE BAUDEILLE.
Le Petit Brantôme de poche. Illustré par Loir Luigi, 1883. — La
fin d'une âme, 1891. — Flamen, par l'auteur du péché de Madeleine,
1866. — WOLFF (A.). Mémoires du boulevard, 1866.

    ÉDITIONS ORIGINALES, sauf cinq volumes.

139. SAINTE-BEUVE. Tableau historique et critique de la poésie
française et du théâtre français au XVIe siècle. *Paris, Sautelet et
Mesnier,* 1828. 2 vol. in-8, demi-rel. veau bleu, dos orné, tr.
marb. (*Rel. de l'époque*).

    ÉDITION ORIGINALE.

140. SAINTE-BEUVE. Vie, poésies et pensées de Joseph Delorme.
Paris, Delangle frères, 1829, in-18, demi-rel. veau fauve, tr.
marbr.

    ÉDITION ORIGINALE.

141. SAINTE-BEUVE. Les Consolations, poésies. *Paris, U. Canel,*
1830, in-18. broché, non rog. (*Couvert.*).

    ÉDITION ORIGINALE.
    La couverture est en mauvais état.

142. SALLE (Eusèbe de). Sakontala à Paris, roman de mœurs contemporaines. *Paris, Ch. Gosselin,* 1833, in-8, br. (*Couv. illust.*).

    ÉDITION ORIGINALE.

143. SAND (George). Impressions et souvenirs. *Paris, Michel Lévy,*
1873. — Dernières pages. *Id.,* 1877. — Correspondance, 1812-
1876. *Id.,* 1883, 6 vol. — Ens. 8 vol. in-12, brochés (*Couvert.*).

143. SAND (George) et MUSSET (Alfred de) [Ouvrages relatifs à
la liaison de]. 7 vol. in-12, dos et coins veau olive, non rog.

    COLET (Louise). Lui, roman contemporain. *Librairie nouvelle,* 1860.
LESCURE (M. de). Eux et elles. Histoire d'un scandale. *Poulet-Malassis,* 1860. — LOVENJOUL (S. de). La véritable histoire d' « Elle et Lui ».

Calmann Lévy, 1897. — MARIETON (P.). Une histoire d'amour. G. Sand
et Musset. *Havard*, 1897. — MUSSET (Paul de). Lui et Elle. *Charpentier*, 1860. — SAND (G.). Elle et Lui. *Hachette*, 1859. — Lettres à
Alfred de Musset et à Sainte-Beuve. *Calmann Lévy*, 1897.
ÉDITIONS ORIGINALES, sauf *Marieton. Une Histoire d'amour.*

144. SAND (G.) et MUSSET (A. de). 3 vol. in-12 et in-8, br.

George SAND et Alfred de Musset. Correspondance publiée intégralement par F. Decori. Avec dessins d'Alfred de Musset et fac-similés
d'autographes. *Bruxelles, Deman*, 1904. — Le Roy (A.). George Sand
et ses amis. *Ollendorff*, 1903. — Maurras (Ch.) Les Amants de Venise. George Sand et Musset. (Avec 2 portraits). *Fontemoing, s. d.*, in-8.

145. SARDOU (Victorien.). Théâtre, 10 vol. in-12 et in-8, br.

Les Ganaches, comédie, 1863. — Les Diables noirs, drame, 1864. — La
famille Benoiton, comédie, 1866. — Nos bons villageois, comédie,
1867. — Maison neuve, comédie, 1867. — Séraphine, comédie, 1869,
in-8. — Patrie! drame, 1869, in-8. — Fernande, comédie, 1870,
in-8. — La Haine, drame, 1875, in-8. — Divorçons! comédie, 1883,
in-8. — La Sorcière, drame, 1903.
ÉDITIONS ORIGINALES, sauf « la Haine ».

146. SIENKIEVICZ (Henryk). Quo vadis, roman des temps néroniens. Traduction de B. Kozakieviez et J.-L. de Janasz, Édition
du Jubilé. *Paris, Revue Blanche*, 1901, gr. in-8, portrait, broché
(*Couvert.*)

147. SOULARY (Joséphin). 6 vol. in-12, brochés.

Sonnets humoristiques. *Lyon, Scheuring*, 1858. — Sonnets humoristiques, nouvelle édition, augmentée, *Id.*, 1859. — Les Figulines,
suivies du Rêve de l'escarpolette. *Id.*, 1862. EDIT. ORIG. — La Chasse
aux mouches d'or. *Id.*, 1876. EDITION ORIGINALE. — Les Rimes ironiques. Avec dessins d'Eugène Froment. *Lyon, L. Perrin*, 1877. EDIT.
ORIGIN. — Promenade autour d'un tiroir. *Lyon, Bernoux*, 1886.

148. STENDHAL. De l'Amour. *Paris, P. Mongie*, 1822, 2 vol. in-12,
dos et coins veau olive.

EDITION ORIGINALE.
Exemplaire de Sainte-Beuve.

149. STENDHAL. Racine et Shakspeare, par M. de Stendhal.
[Première et seconde parties.] *Paris, Bossange, et chez les marchands de nouveautés*, 1823-1825, 2 parties en 1 vol. in-8, dos et
coins veau fauve, fil. dor., dos orné, tr. marb. (*Rel. de l'époque*).

EDITION ORIGINALE, avec une lettre autographe de Stendhal et des
notes autogr. de Victor Jacquemont.
Ce volume contient à la suite de *Racine et Shakspeare* : Un nouveau
complot contre les industriels, par M. de Stendhal. *Sautelet*, 1825.
EDITION ORIGINALE. — Épitre à M. de Chateaubriand par un paysan de
la Vallée aux Loups (de La Touche). *Ponthieu*, 1824 (EDITION ORIG.
ENVOI AUTOG.). — Les Classiques vengés, par le même. *Ladvocat*, 1825.
— Sur la poésie romantique, par M. A. Le Prévost. *Rouen, Periaux*,
1825.

150. STENDHAL. Promenades dans Rome. *Paris, Delaunay*, 1829, 2 vol. in-8, frontispices, demi-rel. chag. gren.
   ÉDITION ORIGINALE.

151. SULLY PRUDHOMME. Stances et poèmes. *A. Faure*, 1865. — Les Épreuves. *A. Lemerre*, 1866. — Les solitudes, poésies. *Id.*, 1869. — Le Prisme, poésies diverses. *Id.*, 1886. — Ens. 4 vol. in-12, brochés (*Couvert.*).
   ÉDITIONS ORIGINALES.

152. TAINE (H.). Histoire de la littérature anglaise. *Paris, Hachette*, 1863-64, 4 vol. in-8, brochés.
   ÉDITION ORIGINALE.

153. TAINE (H.). Voyage en Italie. *Paris, Hachette*, 1866, 2 vol. in-8, brochés (*Couvert.*).
   ÉDITION ORIGINALE.

154. TAINE (H.). De l'Intelligence. *Paris, Hachette*, 1870, 2 vol. in-8, brochés (*Couvert.*).
   ÉDITION ORIGINALE.

155. TAINE (H.). Les Origines de la France contemporaine. L'Ancien Régime. — La Révolution, 3 vol. — Le Régime moderne, 2 vol. *Paris, Hachette*, 1876-1894, 6 vol. in-8, brochés.
   ÉDITION ORIGINALE.

156. THÉATRE CONTEMPORAIN. 11 vol. in-12 et in-8, br.
   BARRÈS (M.). Une journée parlementaire, comédie. *Charpentier*, 1894. — BORNIER (H. de). Le fils de l'Arétin, drame. *Dentu*, 1895. Les noces d'Attila, drame, 1880. — DAUDET (A.). La lutte pour la vie, pièce, *C. Lévy*, 1890. — DURANTIN (A.). Héloïse Paranquet, pièce en 4 actes par A. Durantin. *Librairie centrale*, 1861. — GONCOURT (Edm. et J. de). Henriette Maréchal, drame. *Lacroix*, 1866. — MEURICE (Paul). Struensée, drame. *Calm. Lévy*, 1898. — SAND (George). Maître Favilla, drame. *Lib. Nouvelle*, 1885, in-12. Le marquis de Villemer, comédie. *Michel Lévy*, 1864. L'autre, comédie. *Id.*, 1870. — SARAH BERNHARDT. L'Aveu, drame. *Ollendorff*, 1888.
   ÉDITIONS ORIGINALES.

157. THÉATRE CONTEMPORAIN. Pièces, in-8 et in-12, br.
   ABOUT. Gaëtana, drame, 1862, in-8. — BARBIER (P.-J.). Jeanne d'Arc, drame, 1890. — BARRIÈRE (Th.). Les Faux bonshommes, comédie, 1856. Malheur aux vaincus, comédie, 1866, in-8. — BECQUE (H.). La parisienne, comédie, 1885. Les corbeaux, 1898. — COPPÉE (F.) et d'ARTOIS (A.). La guerre de cent ans, drame, 1878. — DUMAS (Al.). L'Orestie, tragédie, 1856. — FEUILLET (O.). Montjoye, comédie, 1864. — HUGO (V.). Marion de Lorme, 1873, in-8. — GONDINET (Ed.). Un parisien, comédie, 1886. — LECONTE DE LISLE. Les Erinnyes, tragédie, 1873. — MEILHAC (H.). Ma cousine, comédie, 1897. LEGOUVÉ (E.). Par droit de conquête, comédie, 1855, etc., etc.
   La plupart de ces pièces sont en ÉDITIONS ORIGINALES.

158. **THÉATRE ROMANTIQUE**. Recueil de pièces de V. Hugo, Alexandre Dumas, Casimir Delavigne, en éditions originales. 4 pièces en 1 vol. in-8, figures, dos et coins veau vert, dos orné, tr. marb. (*Rel. de l'époque*).

> Dumas (Al.). Henri III et sa cour, drame historique en 5 actes et en prose. *Vezard*, 1829. — Hugo (Victor). Hernani, ou l'honneur castillan, drame. *Mame et Delaunay-Vallée*, 1830. — Dumas (Al.). Stockholm, Fontainebleau et Rome, trilogie dramatique sur la vie de Christine. *Barba*, 1830. — Delavigne (Casimir), Marino Faliero. *Ladvocat*, 1820.
>
> On y a ajouté 4 planches de la Galerie Martinet.

159. **VACQUERIE (Auguste)**. Jean Baudry. *Pagnerre*, 1863 [Édit. orig.]. — Les Miettes de l'histoire. Avec la réponse du sifflet. *Pagnerre et Dentu*, 1863, 2 vol. [Édit. orig.]. — Profils et grimaces. *Pagnerre*, 1864. — Le Fils. *Id.*, 1866 [Édit. orig.]. — Ens. 4 vol. in-8, br.

160. **VICAIRE (Gabriel)**. Emaux bressans. *Paris, H. Leclerc*, 1904, in-16, broché (*Couvert.*).

161. **VIGNY (A. de)**. Les Consultations du Docteur-Noir. Stello, ou les Diables bleus (blue devils), par le comte Alfred de Vigny. *Paris, Ch. Gosselin*, 1832, in-8, frontispice par Tony Johannot, gravé par Brevière, dos et coins veau vert, dos orné, non rog. (*Rel. de l'époque*).

> Édition originale.
> Bel exemplaire.

162. **VIGNY (Alfred de)**. Les Destinées, poèmes philosophiques par le comte Alfred de Vigny. *Paris, Michel Lévy*, 1864, in-8, portrait, broché (*Couvert.*).

> Édition originale.

163. **VOGUÉ (Vte E. Melchior de)**. Heures d'histoire, *Colin et Cie*, s. d. — Jean d'Agrève, 1897. — Regards historiques et littéraires, s. d. — Spectacles contemporains, s. d. — 4 vol. in-12, br.

> Éditions originales.

164. **ZOLA (Emile)**. Romans. *Paris, Charpentier*, 1882-1896, 8 vol. in-12, brochés (*Couvert.*).

> Pot-Bouille, 1882. — Au bonheur des dames, 1883. — Germinal, 1885 (le dos de la couvert. a été refait). — L'Œuvre, 1886. — La Terre, 1887. — Le Rêve, 1888. — L'Argent, 1891. — Rome, 1896.
> Éditions originales.

LIVRES MODERNES

ILLUSTRÉS

165. ABOUT (Edmond). Tolla. Avec les illustrations de Félicien de Myrbach, les ornements typographiques composés par Adolphe Giraldon et un portrait d'après Paul Baudry. *Paris, Hachette*, 1889, in-4, papier vélin, broché (*Couvert.*).

166. ADELINE (Jules). La Légende du violon de faïence. Huit compositions gravées à l'eau-forte par l'auteur. *Paris, Conquet*, 1895, in-8, broché (*Couvert. illustr.*).

167. ALBUM DE LA COMÉDIE FRANÇAISE, par F. Febvre et T. Johnson. Dédié à son Altesse royale, le prince de Galles, par autorisation spéciale. *Paris, Ollendorff*, 1880, pet. in-fol., portraits gravés à l'eau-forte et fac-similés d'autographes, broché.

168. ALEXANDRE (Arsène). L'Art du rire et de la caricature. 300 fac-similés en noir et 12 planches en couleurs d'après les originaux. *Paris, Quantin, s. d.*, pet. in-4, rel. toile (*Couvert. illustr.*).

169. ALPHAND (A.). Les Promenades de Paris. Bois de Boulogne. Bois de Vincennes. Parcs. Squares. Boulevards. Ouvrage orné de chromolithographies et de gravures sur acier et sur bois. Dessins de E. Hochereau. *Paris, J. Rothschild*, 1868, 2 vol. gr. in-fol. dont un de planches, en feuilles, dans 2 cartons.

170. BALZAC. Les Contes drolatiques colligez ez abbayes de Touraine et mis en lumière par le sieur de Balzac pour l'esbattement des pantagruélistes et non aultres. Cinquiesme édition illustrée de 425 dessins par Gustave Doré. *Paris, Société générale de librairie*, 1855, 1 tom. en 2 vol. in-8, figures, dos et coins mar. rouge, tête dor., non rog.

    PREMIER TIRAGE.

171. BALZAC. Les Chouans, par H. de Balzac. Illustrations de Julien Le Blant, gravées sur bois par Léveillé. *Paris, E. Testard*, 1889, gr. in-8, broché (*Couv. illustr.*).

    Avec les 8 compositions de *Julien Le Blant*, gravées à l'eau-forte par *Boilvin*, dans un carton de toile grise.

172. BEAUMONT (E. de). L'Epée et les femmes, par Ed. de Beaumont. Cinq dessins de Meissonier tirés hors texte. *Paris, Librairie des bibliophiles*, 1881, gr. in-8, broché.

173. BEAUMONT (E. de). Un Drame dans une carafe. Dessins par Louis Leloir. *Paris, Librairie des bibliophiles*, 1882, in-8, cart.

> Imprimé à petit nombre.

174. BÉQUET (Étienne). Marie, ou le mouchoir bleu. Six compositions par de Sta, gravées par Abot. *Paris, Conquet*, 1884, pet. in-16, broché.

175. BERLEUX (Jean) (Quentin Bauchart). La Caricature politique en France pendant la guerre ; le siège de Paris et la Commune (1870-1871). *Paris, Labitte*, 1890, in-8, figures, broché.

176. BOILEAU. Le Lutrin, poème héroï-comique de Boileau-Despréaux. Édition conforme au texte original ornée de vignettes par Ernest et Frédéric Hillemacher. *Lyon, N. Scheuring*, 1862, in-4, figures, cart., non rog.

177 BOILEAU. Œuvres poétiques, avec une introduction et des notes par Brunetière. *Paris, Hachette*, 1889, gr. in-4, broché.

> 23 planches d'après M*me* *Madeleine Lemaire*, MM. *Bida, Bonnat, Cabanel, Chapu, Flameng, Français, Gérôme, J.-P. Laurens*, etc., gravées à l'eau-forte.

178. BOSSUET. Les Éditions originales des oraisons funèbres. Portrait sur acier d'après Ficquet et Savart, par Paquien. Lettres ornées, fleurons, culs-de-lampe, par L. M. *Paris, J. Bonnassies*, 1877, pet. in-8, broché.

> Un des 10 exemplaires imprimés sur PAPIER DU JAPON. Avec le portrait en double épreuve, AVANT la lettre.

179. BRANTOME. Les Vies des dames galantes. Ornées de gravures d'après H. Pille par Champollion. *Paris, Arnaud et Labat*, 1879, 3 vol. pet. in-12, figures, brochés.

180. BRUANT (Aristide). Dans la Rue. Chansons et monologues. Dessins de Steinlen. *Paris, A. Bruant*, s. d., 2 vol. — Sur la route. Chansons et monologues. Dessins de Borgex. *Id.*, s. d. — Ens. 3 vol. in-12, figures, brochés (*Couvert. illustr.*).

181. CERVANTES. L'ingénieux hidalgo Don Quichotte de la Manche, par Miguel de Cervantes Saavedra. Traduction de Louis Viardot, avec les dessins de Gustave Doré, gravés par H. Pisan. *Paris, Hachette*, 1863, 2 vol. in-fol., cart. toile rouge de l'éditeur, non rog.

> PREMIER TIRAGE.

182. CHAMPFLEURY. Le Violon de faïence. Dessins en couleur par M. Emile Renard. Eaux-fortes par M.-J. Adeline. *Paris, Dentu*, 1877, in-8, broché.

183. CHAMPFLEURY. Le Violon de faïence. Nouvelle édition illustrée de 34 eaux-fortes de Jules Adeline. Avant-propos de l'auteur. *Paris, Conquet,* 1885, pet. in-8, broché (*Couvert. illustr.*).

184. CHAMPFLEURY. Les Vignettes romantiques. Histoire de la littérature et de l'art, 1825-1840. 150 vignettes par Célestin Nanteuil, Tony Johannot, Deveria, Jeanron, Jean Gigoux, etc., etc. Suivi d'un catalogue complet des romans, drames, poésies, orné de vignettes, de 1825 à 1840. *Paris, Dentu,* 1883, gr. in-8, broché (*Couvert. illustr.*).

185. CHATEAUBRIAND. Atala. Avec les dessins de Gustave Doré. *Paris, Hachette,* 1863, in-fol., cart. toile rouge de l'éditeur, non rog.

PREMIER TIRAGE.

186. CHEFS-D'ŒUVRE DU ROMAN CONTEMPORAIN. *Paris, A. Quantin,* 1885-1889, 12 vol. in-8, figures de Lynch, Caïn, A. Marie, Fourié, Jeanniot, etc., brochés.

BALZAC. Le Père Goriot. La cousine Bette. — BERNARD (Ch. de). Gerfaut. — CLARETIE (Jules). Monsieur le Ministre. — DAUDET (Alphonse). Sapho. — FEUILLET (O.). Monsieur de Camors. — FLAUBERT (G.). Madame Bovary. Salammbô. — GONCOURT (E. et J. de). Germinie Lacerteux. — LAMARTINE (A. de). Raphaël, pages de la vingtième année. — SAND (G.). Mauprat. La Mare au diable.

187. CHEVIGNÉ (Cte de). Les Contes rémois ; dessins de E. Meissonier, troisième édition. *Paris, Michel Lévy,* 1858, in-12, figures, broché (*Couvert.*).

PREMIER TIRAGE des illustrations de *Meissonier.*

188. CLARETIE (Jules). La Canne de Monsieur Michelet, promenades et souvenirs. Préface par Alfred Mézières. Douze compositions de P. Jazet, gravées à l'eau-forte par H. Toussaint. *Paris, Conquet,* 1886, pet. in-8, broché (*Couvert.*).

189. CLARETIE (Jules). Le Drapeau. 1 frontispice, 6 en-têtes et 6 culs-de-lampe dessinés par Kauffmann, gravés par Fr. Clapès. *Paris, Calmann Lévy,* 1886, in-8, broché.

Tirage à 225 exemplaires sur PAPIER VÉLIN fait pour la librairie Conquet.

190. CLARETIE (Jules). Boudha. Illustrations par Robaudi. *Paris, L. Conquet,* 1888, in-16, figures, broché (*Couvert.*).

191. COLLECTION BIJOU. Compositions d'Emile Lévy, Victor Ranvier, Rochegrosse, Giacomelli. *Librairie des bibliophiles,* 1876-1888, 7 vol. in-16, figures, brochés.

ANACRÉON. Poésies. — SAINT-PIERRE (Bernardin de). Paul et Virginie. — CHATEAUBRIAND. Atala. — ESCHYLE. L'Orestie. — LONGUS. Daphnis et Chloé. — LE TASSE. Aminte. — THÉOCRITE. Idylles.

192. COLLECTION CALMANN LÉVY ILLUSTRÉE. 6 vol. pet. in-8, brochés (*Couvert. illust.*).

> Dumas (A.) fils. Ilka. Illustrations de Marold, 1896. — Feuillet (O.). Julia de Trécœur. Illustrations de Marchetti. Gravure de J. Huyot, 1897. — Géruzez (P.). A pied, à cheval, en voiture, Illustrations de Crafty, 1895. — Loti (P.). Les trois dames de la Kasbah. Illustrations de Gervais Courtellemont, 1896. — Mérimée (P.). Colomba. Illustrations de C. Vuillier, 1897. — Renan (E.). Ma sœur Henriette. Avec illustrations d'après H. Scheffer et Ary Renan, 1895.

193. COLLECTION DU BIBLIOPHILE FRANÇAIS (De la). *Paris, Bachelin-Deflorenne,* 1863-68, 10 vol. pet. in-12, frontispices, eaux-fortes, brochés.

> Bernard (Ch.). La Lisette de Béranger. — Claretie (J.). Elisa Mercœur. — Claudin (G.). Méry, sa vie intime. — Delvau (A.). Henry Murger et la Bohême. Gérard de Nerval. — Lebailly (A.). Hégésippe Moreau. Madame de Lamartine. Moreau (Hégésippe). Œuvres inédites. — Peigné (J. Marie). Lamennais, sa vie intime à la Chénaie. — Poisle-Desgranges (J.). Rouget de Lisle et la Marseillaise.

194. COLLECTION LECLÈRE. 12 vol. pet. in-12, figures, brochés.

> La Fontaine. Contes et nouvelles en vers, 1861, 2 vol., figures par Duplessi-Berteaux. Les Amours de Psyché et de Cupidon, suivies d'Adonis, poème, 1863, 2 vol., figures par Moreau, gravées par Delvaux. — Morel de Vindé. Primerose, 1863, figures de Lefèvre, gravées par Godefroy. — Prévost (abbé). Histoire de Manon Lescaut et du chevalier des Grieux, 1860, 2 vol., figures par Lefevre, gravées par Coiny. — Recueil des meilleurs contes en vers par Grécourt, Saint-Lambert, Champfort, Piron, Dorat, etc., 1862, 2 vol., vignettes à mi-page. — Swift. Voyages de Gulliver, 1860, 4 vol., figures par Lefèvre gravées par Masquelier, en double état : avec la lettre, avant la lettre.

195. COLLECTION LEMERRE, 1878-1880. 5 vol in-12, réimp. in-8, brochés.

> Longus. Daphnis et Chloé, traduction Amyot, revue par P. L. Courier. Notice par A. France, 1879. — Maistre (Xavier de.). Voyage autour de ma chambre, 1878 (port. par Courtry et figures par F. Dupont, en double état noir et sanguine avant la lettre). — Perrault (Ch.). Contes. Avec notes par F. Dillaye, 1880. — Prévost (abbé.). Histoire de Manon Lescaut. Avec une notice par A. France, 1878 (figures par Monziès en double état noir et sanguine avant la lettre). — Saint-Pierre (Bernardin de). Paul et Virginie. Avec notes par A. France, 1878.
>
> Exemplaires imprimés sur papier Whatman.
>
> On y a joint pour : *Daphnis et Chloé,* 7 eaux-fortes d'après les dessins de *Prudhon,* gravées par *Boilvin* sur pap. Whatman avant la lettre.
>
> *Contes de Perrault,* 13 eaux-fortes dessinées par *H. Pille,* gravées par *L. Monzies* sur pap. Whatman, avant la lettre.
>
> *Paul et Virginie,* 7 eaux-fortes dessinées et gravées par *Edmond Hédouin,* sur pap. Whatman, avant la lettre.

196. COLLECTION MAME. *Tours, A. Mame,* 1867-1880, 15 vol. gr. in-8, brochés.

> Boileau. Œuvres poétiques. Avec des notices par M. Poujoulat. Eaux-

fortes par V. Foulquier, 1870. — Bossuet. Discours sur l'histoire uni-
verselle. Gravures à l'eau-forte par V. Foulquier, 1870. Les Oraisons
funèbres. Gravures à l'eau-forte par V. Foulquier, 1869. — Chanson
de Roland (La). Texte critique accompagné d'une traduction nouvelle et précédé d'une introduction historique par L. Gautier. Eaux-
fortes par Chiffart et V. Foulquier, fac-similé, 1872, 2 vol. — Corneille. Théâtre choisi. 25 sujets et un portrait gravés à l'eau-forte par
V. Foulquier. Compositions de Barrias et de V. Foulquier, 1880. —
Fénelon. Aventures de Télémaque, 14 gravures par V. Foulquier, 1873.
— La Bruyère. Les Caractères, 18 gravures, par V. Foulquier, 1867.
— La Fontaine. Fables. 5o gravures et un portrait par V. Foulquier,
1875. — Molière. Théâtre choisi. 5o eaux-fortes par V. Foulquier,
1875, 2 vol. — Pascal. Pensées, d'après le texte authentique. Avec notes
par V. Rocher, 1873. — Racine. Théâtre. Compositions de Barrias et
V. Foulquier, 1876, 2 vol. — Sévigné (Mme de). Lettres choisies, 18
eaux-fortes par V. Foulquier, 1871.

> Exemplaires imprimés sur papier vergé.

197. COMMANVILLE (Caroline). Souvenirs sur Gustave Flaubert.
Texte et illustrations par Caroline Commanville. *Paris, Ferroud,*
1895, in-8, broché.

198. CONTES DU GAY SÇAVOIR (Les). Ballades, fabliaux et tra-
ditions du Moyen Age, publiés par Ferd. Langlé, et ornés de vignettes et fleurons, imités des manuscrits originaux, par Bonington
et Monnier. *Imprimé par Firmin Didot, pour Lamï Denozan, s. d.,*
in-8, figures, cart., non rog.

> Exemplaire avec les figures et les initiales coloriées. Cartonnage de
> l'éditeur.

199. COSTUMES du xviiie siècle tirés des Prés Saint-Gervais, avec
l'autorisation de M. M.-V. Sardou, Ph. Gille et Ch. Lecocq, 20 eaux-
fortes de A. Guillaumot fils, d'après les dessins de M. Draner,
tirées chez Ch. Chardon aîné. *Paris, Rouquette,* 1874, gr. in-8,
planches en feuilles.

> 20 planches coloriées.

200. COSTUMES HISTORIQUES des xvie, xviie et xviiie siècles,
dessinés par E. Lechevallier-Chevignard, gravés par A. Didier,
L. Flameng, F. Laguillermie, etc. Avec un texte historique et des-
criptif par Georges Duplessis. *Paris, A. Lévy,* 1867, 2 vol. in-4,
demi-rel. chag. vert.

> Planches coloriées.

201. DANTE. L'Enfer de Dante Alighieri. Avec les dessins de Gustave
Doré. Traduction française de Pier-Angelo Fiorentino, accompagnée du texte italien. *Paris, Hachette,* 1861, in-fol. cartonn. toile
rouge de l'éditeur, non rogné.

> Premier tirage,
> Exemplaire fatigué.

202. DE FOE (Daniel de) Étranges aventures de Robinson Crusoé. Traduction de l'édition princeps (1719) avec une étude sur l'auteur par Battier. Frontispice et 7 planches dessinées et gravées par Jules Fesquet, Legenisel, Paquien, Ramus. Lettres, fleurons, culs-de-lampe, par L. M. *Paris, J. Bonnassies*, 1877, pet. in-8, broché.

> Un des 10 exemplaires imprimés sur PAPIER DU JAPON, contenant les figures en double épreuve AVANT la lettre.

203. DELVAU (Alfred). Histoire anecdotique des cafés et cabarets de Paris. Avec dessins et eaux-fortes de Gustave Courbet, Léopold Flameng et Félicien Rops. *Paris, Dentu*, 1862, in-12, figures sur Chine collé, broché (*Couvert.*).

> ÉDITION ORIGINALE.

204. DELVAU (Alfred). Les Cythères parisiennes. Histoire anecdotique des bals de Paris, avec 24 eaux-fortes et un frontispice de Félicien Rops et Émile Thérond. *Paris, Dentu*, 1864, in-12, figures sur Chine collé, broché (*Couvert. illustr.*).

> PREMIER TIRAGE.

205. DELVAU (Alfred). Histoire anecdotique des barrières de Paris. Avec 10 eaux-fortes par Émile Thérond. *Paris, Dentu*, 1865, in 12, figures sur Chine collé, broché (*Couvert.*).

> PREMIER TIRAGE.

206. DELVAU (Alfred). Les Heures parisiennes. 25 eaux-fortes d'Émile Benassit. *Paris, Librairie centrale*, 1866, in-12, figures sur Chine collé, broché (*Couvert.*).

> PREMIER TIRAGE.
> PAPIER DE HOLLANDE.

207. DENON (Vivant). Point de lendemain, conte. Illustré de treize compositions de Paul Avril. *Paris, Rouquette*, 1889, in-8, broché (*Couvert. illustr.*).

208. DIDEROT. Le Neveu de Rameau, satire par Denis Diderot, revue sur les textes originaux et annotée par Maurice Tourneux. Portrait et illustrations par F.-A. Milius. *Paris, Rouquette*, 1884, in-8, broché (*Couvert.*).

> Exemplaire imprimé sur PAPIER VERGÉ, contenant les figures en deux états.

209. DIGUET (Charles). Les jolies femmes de Paris. Vingt eaux-fortes par Martial. Ornements par Morin. *Paris, A. Lacroix*, 1870, in-8, broché (*Couvert.*).

> Imprimé à petit nombre.

210. DU CAMP (Maxime). Une Histoire d'amour. Un portrait gravé par A. Lamotte. Huit compositions de P. Blanchard gravées par Buland. *Paris, L. Conquet*, 1888, in-16, broché (*Couvert.*).

211. DUMAS (Alexandre). Herminie. L'Amazone. Compositions de Robaudi, gravées par Deville. *Paris, Calmann Lévy*, 1888, in-8, broché.

> Tirage à 225 exemplaires sur PAPIER VÉLIN fait pour la librairie Conquet,

212. DUMAS (Alexandre). Les trois mousquetaires, avec une lettre d'Alexandre Dumas fils. Compositions de Maurice Leloir, Gravures sur bois de J. Huyot. *Paris, Calmann Lévy*, 1894, 2 vol. gr. in-8, figures, brochés (*Couvert. illustr.*)

213. DUMAS fils (Alexandre). Théâtre complet, avec préfaces inédites. *Paris, Calmann Lévy*, 1890-1893, 7 vol. — Notes pour les tomes I-VI. 2 vol. Ens. 9 vol. in-8, figures par Robaudi, gravées par Abot. — Théâtre des autres. *Ibid., id.*, 1894, 2 vol., figures. — Ens. 11 vol. in-8, brochés.

> Un des 135 exemplaires imprimés sur papier vergé pour la librairie Conquet. Figures en un seul état.

214. ERASME. Éloge de la folie. Traduit par A. Develay et orné des dessins de Hans Holbein. *Paris, Librairie des bibliophiles*, 1872, in-8, broché (*Couvert.*).

> Un des 15 exemplaires imprimés sur PAPIER WHATMAN.

215. FABRE (Ferdinand). L'Abbé Tigrane, portrait d'après J. B. Laurens gravé par E. Rudaux et 20 eaux-fortes originales de E. Rudaux. *Paris, Conquet*, 1890, in-8, broché.

216. FABRE (Ferdinand). Xavière. Illustré par Boutet de Monvel. *Paris, Boussod, Valadon*, 1890, in-4, broché.

217. FEUILLET (Octave). Julia de Trécœur. 1 frontispice et 14 vignettes dessinés par Henriot, gravés par Fr. Clapès. *Paris, Calmann Lévy*, 1885, in-8, broché.

> Tirage à 225 exemplaires fait sur PAPIER VÉLIN pour la librairie Conquet.

218. FLORIAN. Fables. Préface par M. Anatole de Montaiglon. Compositions inédites de Moreau, gravées par Martial. *Paris, Rouquette*, 1882. — LA FONTAINE. Fables. Avec une préface par M. Théodore de Banville. Compositions inédites de Moreau, gravées par Milius. *Id.*, 1883, 2 vol. — Ens. 3 vol. in-16 dos et coins de mar. fil., tête dor. non rog.

> Figures en trois états pour Florian et en deux pour La Fontaine.

219. FRANCE (Anatole). Clio. Illustrations de Mucha. *Paris, Calmann Lévy*, 1900, pet. in-8, figures, broché (*Couvert.*).

> ÉDITION ORIGINALE.

220. GALERIE HISTORIQUE des portraits des comédiens de Molière, gravés à l'eau-forte, sur des documents authentiques par Frédéric Hillemacher. Avec des détails biographiques succincts, relatifs à chacun d'eux. *Lyon, L. Perrin*, 1858, in-8, figures en taille-douce, dos et coins chag. orange, tête dor., non rog.

> Première édition imprimée à 100 exemplaires ; très rare.

221. GAUTIER (Judith). Poèmes de la libellule. Illustrés par Yamamoto. *Paris, Gillot, s. d.*, in-4, illust. en couleurs, broché (*Couvert. illust.*).

> Exemplaire imprimé sur PAPIER DU JAPON.

222. GAUTIER (Théophile). Mademoiselle de Maupin. Double amour. Réimpression textuelle de l'édition originale. Notice bibliographique par M. Charles de Lovenjoul. *Paris, Conquet et Charpentier*, 1883, 2 vol. in 8, portrait, brochés (*Couvert.*).

> Exemplaire imprimé sur papier vélin contenant la suite des 18 figures de *Toudouze* et les quatre pièces refusées.

223. GAUTIER (Théophile). Émaux et camées, par Théophile Gautier. 112 dessins de Gustave Fraipont. Préface par Maxime du Camp. *Paris, L. Conquet*, 1887, in-6, broché (*Couvert.*).

> Exemplaire contenant la Prime aux souscripteurs.

224. GAUTIER (Théophile). Militona. Un portrait et dix compositions de Adrien Moreau, gravés par A. Lamotte. *Paris, L. Conquet*, 1887, in-8, figures, broché (*Couvert.*).

225. GAUTIER (Théophile). Le Roi Candaule, illustré de vingt et une compositions par Paul Avril. Préface par Anatole France. *Paris, A. Ferroud*, 1893, in-8, broché (*Couvert.*).

226. GONCOURT (Edmond et Jules de). L'Art du dix-huitième siècle. *Paris, Dentu*, 1859-1875, 12 fascicules in-4, figures, brochés (*Couvert.*).

> ÉDITION ORIGINALE.
> Avec les *Notules, additions* et *errata*.

227. GONCOURT (Edmond et Jules de). L'Art du dix-huitième siècle. Troisième édition, revue et augmentée et illustrée de planches hors texte. *Paris, Quantin*, 1880-1883, gr. in-4, 2 tomes en 14 fascicules dans des cartons.

228. HALÉVY (Ludovic). La Famille Cardinal. Compositions de E. Mas, gravées par J. Massard. *Paris, Calmann Lévy*, 1883, gr. in-12, broché.

> Un des 200 exemplaires imprimés sur PAPIER VERGÉ du Marais.

229. HALÉVY (Ludovic). La Famille Cardinal. Illustrations de Charles Léandre. *Paris, Testard*, 1893, in-8, broché (*Couvert. illust.*).

> Avec les 10 eaux-fortes de *Louis Muller*, dans un carton toile brune.

230. HALÉVY (Ludovic). Trois coups de Foudre. Dix dessins de Kauffmann, gravés par T. de Mare. *Paris, L. Conquet*, 1886, in-16, broché (*Couvert.*).

231. HALÉVY (Ludovic). L'abbé Constantin. Illustré par Madame Madeleine Lemaire. *Paris, Boussod, Valadon*, 1887, in-4, broché.

232. HAMILTON. Mémoires du comte de Grammont. Réimpression conforme à l'édition princeps (1713). Préface et notes par Benjamin Pifteau. Frontispice, six eaux-fortes, par J. Chauvet. Lettres, fleurons et culs-de-lampe, par Léon Lemaire. *Paris, J. Bonnassies*, 1876, pet. in-8, figures, broché.

> Un des 10 exemplaires imprimés sur PAPIER DU JAPON, contenant les figures en triple état, noir et bistre, AVANT la lettre.

233. HAMILTON. Mémoires du comte de Grammont. Un portrait de A. Hamilton et trente-trois compositions de C. Delort gravés au burin et à l'eau-forte par L. Boisson. Préface de H. Gausseron. *Paris, L. Conquet*, 1888, gr. in-8, broché.

234. HEYLLI (Georges). Rachel, d'après sa correspondance. Avec quatre portraits à l'eau-forte gravés par Massard. *Paris, Librairie des bibliophiles*, 1882, in-8, portrait, broché (*Couvert.*).

> Imprimé à petit nombre.

235. HISTORIAL DU JONGLEUR (L'). Chroniques et légendes françaises, publiées par MM. Ferdinand Langlé et Emile Morice, ornées d'initiales, vignettes et fleurons imités des manuscrits originaux. *Paris, Firmin-Didot*, 1829, in-8, cart., non rog.

> Exemplaire dans le cartonnage de l'éditeur.

236. HORACE. Traduction en vers par le comte Siméon. *Paris, Librairie des bibliophiles*, 1873-74, 3 vol. pet. in-8, figures de Chauvet, gravées par Delatre, brochés.

237. HUGO (Victor). Notre-Dame de Paris par Victor Hugo. *Paris, Renduel*, 1836, in-8, figures, mar. brun, fil. dor., encad. à fr., dos orné, dent. int., tr. dor. (*Boutigny*).

> Frontispice et 11 planches hors texte gravées, d'après *Rouargue, L. Boulanger, Raffet, Tony* et *Alfred Johannot, C. Rogier*.
> Première édition illustrée.

238. HUGO (Victor). Edition nationale. Notre-Dame de Paris. *Paris, Testard et Cie*, 1889, 2 vol. in-4, brochés (*Couvert.*).
> Compositions de *Luc-Olivier Merson*, gravées par *Géry-Bichard*.

239. HUGO (Victor). Ruy Blas, drame en cinq actes. Un portrait et 15 compositions de Adrien Moreau, gravés à l'eau-forte par Champollion. *Paris, L. Conquet*, 1889, gr. in-8, broché.

240. HURTADO DE MENDOZA. Vie de Lazarille de Tormes. Traduction nouvelle et préface de A. Morel-Fatio. Nombreuses illus-

trations et eaux-fortes de Maurice Lenoir. *Paris, H. Launette,* 1886, in-8, broché (*Couvert.*).

241. IMITATION (L') de Jésus-Christ, traduction de Michel de Marillac. Compositions par J.-P. Laurens gravées à l'eau-forte par Léopold Flameng. *Paris, A. Quantin,* 1878, in-8, figures, broché.

> Imprimé à petit nombre sur papier Whatman.

242. JACQUE (Ch.). 50 eaux-fortes. — 6 eaux-fortes de Villevieille. — 6 eaux-fortes de Chauvel. *Société des Aquafortistes,* 1864-1866, 62 planches, dans un carton.

> Eaux-fortes publiées par Cadart.

243. LA FAYETTE (Madame de). La princesse de Clèves. Préface par Anatole France, un portrait et 12 compositions de Jules Garnier gravés par A. Lamotte. *Paris, L. Conquet,* 1889, in-8, broché (*Couvert.*).

244. LA FONTAINE. Œuvres publiées d'après les textes originaux, avec notes, variantes et glossaire par A. Pauly. *Paris, Lemerre,* 1875-1891, 7 vol. in-8, brochés.

> Fables 1875-1876, 2 vol. — Contes, 1877, 2 vol. — Théâtre, Poésies, 1879-84, 2 vol. — Notice, bibliographie. Notes et variantes. Lexique, 1891.
> Exemplaire imprimé sur PAPIER DE HOLLANDE.
> On y a joint : pour les *Fables,* la suite de 72 eaux-fortes d'après *Oudry,* gravées par *Courtry, Greux, Le Rat, Martinez,* etc. — Pour les *Contes* la suite des 40 eaux-fortes d'après *Fragonard* et *Lancret.*

245. LA FONTAINE. Fables. Edition illustrée de 75 planches à l'eau-forte par A. Delière. *Paris, Quantin,* 1880-83, 2 vol. in-4 en livraisons dans 2 cartons.

> Exemplaire auquel on a ajouté les 22 en-têtes publiés par la Librairie Conquet.

246. LA RUE. PARIS PITTORESQUE et littéraire, revue heddomadaire. Rédacteur en chef Jules Vallès. Directeur Daniel Lévy, 1er juin 1867 (1re année, n° 1) — 11 janvier 1868. — Ens. 33 numéros en 1 vol. pet. in-fol., figures, dos et coins vélin blanc, non rog.

> Première année.

247. LIVRE D'OR DE RENAN (Le). *Paris, A. Joanin, s. d.,* in-8, figures et fac-similés d'autog., demi-rel. chag. gren., tête dor., non rog.

248. LIVRE D'OR DE SAINTE-BEUVE (Le). Publié à l'occasion du centenaire de sa naissance, 1804-1904. *Paris, Journal des Débats,* 1904, in-4, figures, broché.

249. LIVRE D'OR DE VICTOR HUGO (Le). Par l'élite des artis-

tes et des écrivains contemporains. Direction de Emile Blémont. *Paris, H. Launette,* 1883, gr. in-8, en feuilles, figures, dans un carton.

> Exemplaire imprimé sur PAPIER DE HOLLANDE, contenant les figures AVANT la lettre.

250. LIVRE (Le) du centenaire du Journal des Débats, 1789-1889. *Paris, E. Plon, Nourrit,* 1889, gr. in-8, planches, dos et coins mar. rouge, fil. dor., tête dor., non rog.

> Exemplaire imprimé sur PAPIER DE CUVE.
> Contenant les figures en deux états, dont une épreuve AVANT la lettre, sur CHINE.

251. LIVRES ILLUSTRÉS. 5 vol. in-12, br. *(Couvert. illust.).*

> Monologues parisiens. Le culte par Satin. Dessins de Mesplès, gravés par Oudart. *Rouveyre,* 1882. — La comédie au boudoir, par Maurice de Podestat, 7 eaux-fortes par Lalanne, Martial, E. Morin, etc., 14 vignettes sur bois par E. Morin et E. D. *Lacroix,* 1868. — LONGUS. Daphnis et Chloé. Illustrations de L. Rossi et Conconi. *Flammarion,* 1892. — SAULIÈRE (Aug.). Les leçons conjugales. Contes lestes. Vignettes et eaux-fortes par H. Somm. *Dentu,* 1877. — SIENKIEWICZ (H.). Quo Vadis. 17 gravures originales, 3 vues, 2 cartes et 2 plans. *Benziger,* 1900.

252. LIVRES ILLUSTRÉS. 6 vol. in-8 et pet. in-4, figures, br.

> CHAMPSAUR (F.). Pierrot et sa conscience. *Dentu,* s. d. — GRAND-CARTERET (John). Raphaël et Gambrinus, ou l'art dans la brasserie. *L. Westhausser,* 1886. — Les Fidèles Ronins, roman historique japonais par Tamenga Shounsoui, traduit par B.-H. Gausseron. *Quantin,* 1882, in-4. — Pommes d'Eve, 12 contes en chemise par une jolie fille. Illustrations de J. Roy. *E. Monnier,* 1884. — ROCHEFORT (H.). Fantasia. Dessins de Caran d'Ache. *Librairie moderne,* 1888. — Le conte de l'archer, par A. Silvestre. Aquarelles de A. Poirson, gravées par Gillet. *Lahure,* 1883.

253. LONGUS. Daphnis et Chloé, ou les pastorales de Longus, traduites du grec par J. Amyot. Nouvelle édition revue, corrigée et complétée. *Paris, Leclère,* 1863, pet. in-8, port. et fleurons, broché *(Couvert. illust.).*

254. LONGUS. Les Pastorales, ou Daphnis et Chloé. Traduction de Jacques Amyot, revue par Paul-Louis Courier. Introduction par M. Henri Houssaye. Figures de Prudhon et vignettes d'Eisen. *Paris, J. Maury,* s. d., in-4, broché.

> Un des 100 exemplaires imprimés sur PAPIER DE HOLLANDE.

255. LOTI (Pierre). Le Mariage de Loti. Illustrations de l'auteur et de A. Robaudi. *Paris, Calmann Lévy,* 1898, gr. in-8, dos et coins chag. rouge, fil. dor., dos orné, tête dor., non rog.

256. LOUYS (Pierre). Léda, ou la louange des bienheureuses ténèbres. Avec dix dessins en couleurs par Paul-Albert Laurens. *Paris, Mercure de France,* 1898, in-4, broché.

257. MAILLARD (Léon). Les Menus et Programmes illustrés.
Invitations. Billets de faire-part. Cartes d'adresse. Petites estampes
du xvii° siècle jusqu'à nos jours. 460 reproductions d'après les
documents originaux des meilleurs artistes. *Paris, Boudet,* 1898,
in-4, broché (*Couvert. illust.*).

258. MAINDRON (Ernest). Les Affiches illustrées. Ouvrage orné de
20 chromolithographies, par Jules Chéret. *Paris, H. Launette,* 1886.
— Les Affiches illustrées (1886-1895). Ouvrage orné de 64 lithographies en couleur et de 102 reproductions en noir et en couleur,
d'après les affiches originales des meilleurs artistes. *G. Boudet,*
1896. — Les Affiches étrangères illustrées, par MM. Bauwens,
Hayashi, La Forgue, Méier-Graefe, Pennell. Ouvrage orné de
62 lithographies en couleurs, et de 150 reproductions en noir et
en couleur, d'après les affiches originales des meilleurs artistes.
G. Boudet, 1897. — Ens. 3 vol. très gr. in-8", papier vélin (*Couvert.
illustrées*).

259. MAINDRON (Ernest). Marionnettes et guignols. Les poupées
agissantes et parlantes à travers les âges. Ouvrage illustré de
8 planches en couleurs et de 148 planches ou figures en noir,
d'après les documents originaux. *Paris, F. Juven. s. d.,* in-8, broché.

260. MANNE (de) et MENESTRIER. Galeries historiques de comédiens. *Lyon, Scheuring,* 1869-77, 7 vol. in-8, portraits par Hillemacher et Fugère, brochés.

> Galerie historique des comédiens de la troupe de Talma, 1866. —
> Galerie historique de la comédie française pour servir de complément
> à la troupe de Talma, 1876. — Galerie historique des portraits des
> comédiens de la troupe de Molière, 2° édition, 1869. — Galerie histo-
> rique des comédiens de la troupe de Nicolet, 1869. — Galerie histori-
> que des acteurs français, mimes et paradistes (1760 à nos jours). —
> Feu Séraphin. Histoire de ce spectacle depuis son origine jusqu'à sa
> disparition, 1776-1870, 1875. — Galerie historique des portraits des
> comédiens de la troupe de Voltaire, 1861.

261. MANGIN (Arthur). Les Jardins. Histoire et description. Dessins par Anastasi, Daubigny, V. Foulquier, Français, W. Freeman,
H. Giacomelli, Lancelot. *Tours, A. Mame,* 1867, pet. in-fol.,
cart. toile rouge, non rog.

262. MARIUS (Prosper). Ronces et Gratte-culs, ornés de 25 gravures en taille-douce. Préface de Charles Monselet. *Paris, J.
Lemonnyer,* 1884, in-4, broché (*Couvert. illust.*).

263. MARTIAL. Lettre illustrée sur le salon de 1865 par Martial.
Paris, Cadart et Luquet, s. d., 20 planches texte et eaux-fortes,
en feuilles.

264. MASSON (Frédéric). Les Quadrilles à la cour de Napoléon 1er
(1806-1813). Eau-forte et dessins par Eugène Courboin. *Paris,
H. Daragon,* 1904, in-16, broché.

265. MAUPASSANT (Guy de). Le Rosier de Madame Husson. Illustrations par Habert Dys. Eaux-fortes de E. Abot, d'après Desprès. *Paris, Quantin*, 1888, petit in-4, broché (*Couvert. illustrée*).

266. MAUPASSANT (Guy de). Boule de suif. Compositions de François Thévenot. Gravures sur bois de A. Romagnol. *Paris, A. Magnier*, 1897, in-8, broché (*Couvert. illustrée*).

267. MAUPASSANT (Guy de). Œuvres complètes illustrées. *Paris, Ollendorff*, 1895-1904, 28 vol. in-12, brochés (*Couvert. illust.*).

> Bel-Ami. — La maison Tellier. — Mont-Oriol. — Une vie. — Les Dimanches d'un bourgeois de Paris. — Miss Harriet. — Le Rosier de Madame Husson. — Yvette. — Boule de suif. — Mademoiselle Fifi. — Au Soleil. — Notre cœur. — Monsieur Parent. — Toine. — Le Horla. — Fort comme la mort. — Contes du jour et de la nuit. — La main gauche. — La vie errante. — Pierre et Jean. — Clair de lune. — Sur l'eau. — L'Inutile Beauté. — Théâtre. — Les sœurs Rondoli. — La petite Roque. — Le père Milon. — Des Vers, 1904.

268. MÉRIMÉE (Prosper). Carmen, 1 frontispice et 8 vignettes dessinés par J. Arcos, gravés par A. Nargeot. *Paris, Calmann Lévy*, 1884, in-8, broché.

> Tirage à 225 exemplaires sur PAPIER VÉLIN fait pour la librairie Conquet.

269. MÉRIMÉE (Prosper). Chronique du règne de Charles IX. Illustrations de Édouard Toudouze. *Paris, Testard*, 1889, gr. in-8 broché (*Couvert. illust.*).

> Avec les 8 compositions d'*Edouard Toudouze*, gravées par *Abot*, dans un carton toile grise.

270. MOLIÈRE. Théâtre. Édition collationnée sur les textes originaux et ornée de gravures à l'eau-forte par Frédéric Hillemacher. *Lyon, N. Scheuring*, 1864, 8 vol., figures. — La Cérémonie du malade imaginaire. *Lyon, Perrin et Marinet*, fig., broch. in-8.

271. MOLIÈRE. Les Œuvres de J.-B.-P. de Molière, accompagnées d'une vie de Molière, de variantes, d'un commentaire et d'un glossaire par Anatole France. *Paris, Lemerre*, 1876-1895, 6 vol. in-8, brochés.

> Exemplaire imprimé sur PAPIER DE HOLLANDE auquel on a ajouté les 35 eaux-fortes d'après *Boucher*.

272. MONTORGUEIL. La Vie des boulevards. Madeleine-Bastille. Texte par Georges Montorgueil. 200 dessins en couleurs par Pierre Vidal. *Paris, Librairies-imprimeries réunies*, 1896, gr. in-8, broché (*Couvert. illustrée*).

273. MONTORGUEIL (Georges). La Vie à Montmartre. Illustrations de Pierre Vidal. *Paris, G. Boudet, s. d.*, gr. in-8, broché (*Couvert. illust.*).

274. MOREAU (Hégésippe). Petits contes en prose. Illustrés d'un portrait et de douze compositions par Félix Oudart. *Paris, Rouquette,* 1892, in-8, broché (*Couvert.*).

275. MULLER (Eugène). La Mionette. 28 compositions de O. Cortazzo gravées à l'eau-forte par Abot et Clapès. *Paris, Conquet,* 1885, pet. in-8, broché (*Couvert.*).

Papier du Japon.

276. MUSSET (Alfred de). Œuvres complètes. Avec lettres inédites, variantes, notes, index, fac-simile. Notice biographique par son frère. Édition dédiée aux amis du poète, ornée de 28 dessins de M. Bida et d'un portrait d'Alfred de Musset d'après l'original de M. Landelle, gravés sur acier sous la direction de M. Henriquel Dupont par les premiers artistes. *Paris, Charpentier,* 1865-66, 10 vol. gr. in-8, br., papier de Hollande (*Couvert.*).

Bel exemplaire avec les couvertures très fraîches, ce qui est rare.

277. MUSSET (Alfred de). Œuvres complètes. *Paris, A. Lemerre,* 1876-77, 11 vol. pet. in-12, br.

Exemplaire imprimé sur papier de Chine auquel on a ajouté les 42 eaux-fortes de Henri Pille en épreuves avant la lettre sur Chine tirées en sanguine et, la suite de 9 eaux-fortes de *Lalauze* d'après *Bida* et 7 portraits, le tout sur Japon, avant la lettre.

278. MUSSET (Alfred de). Nouvelles. Les deux maîtresses. Emmeline, Le fils du Titien, Frédéric et Bernerette. Pierre et Camille. Nouvelle édition illustrée de un portrait gravé par Burney, d'après une miniature de Marie Moulin et de 15 compositions de P. Flameng et O. Cortazzo, gravées à l'eau-forte par Mordant et Lucas. *Paris, Conquet,* 1887, gr. in-8, br. (*Couvert.*).

279. MUSSET (Alfred de). La Mouche. Illustrée de trente compositions par Ad. Lalauze. *Paris, A. Ferroud,* 1892, in-8, br. (*Couvert. illust.*).

280. MUSSET (Alfred de). Les Nuits et Souvenir. Portrait d'après David d'Angers, interprété par Florian. Illustrations de A. Gérardin, gravées par Florian. *Paris, Ed. Pelletan,* 1896, in-8, br. (*Couvert.*).

281. NERVAL (Gérard de). Sylvie. Souvenirs du Valois. Préface par Ludovic Halévy. 42 compositions dessinées et gravées à l'eau-forte par Ed. Rudaux. *Paris, L. Conquet,* 1886, in-12, broché (*Couvert.*).

282. NODIER (Charles). Le Bibliomane. Illustrations de Maurice Leloir. *Paris, Conquet,* 1893, in-16, dos et coins mar. rouge, fil. dor., dos orné, tête dor., non rog.

283. NORIAC (Jules). Le 101e régiment, illustré par Armand Du-
maresca, G. Janet, Pelcoq, Morin et Deuxétoiles. *Paris, A. Bour-
dilliat,* 1860, pet. in-8, br.

Un des 25 exemplaires imprimés sur papier Whatman.

284. NOUVEAU DÉCAMÉRON (Le). Le Temps d'aimer. Dans l'ate-
lier. Les Amours mondaines. Comme il vous plaira. La rue et la
route. Les plus tristes. L'amour au théâtre. Les Amours lointaines.
Les Amours chastes. L'Idéal. *Paris, Dentu,* 1885-87, 10 vol. pet.
in-8, fig., br.

285. PARIS GUIDE, par les principaux écrivains et artistes de la
France. I. La Science, l'art. II. La vie. *Paris, Librairie interna-
tionale,* 1867, 2 gros vol. in-12, fig. d'après Daubigny, Morin, Fi-
chot, J. Laurens, F. Rops, etc., br.

Premier tirage.
Exemplaire imprimé sur papier de Chine.

286. PARIS ILLUSTRÉ. *Paris, Lahure et Baschet.* Années 1883,
1884, 1885, 1886, livraisons in-fol. dans 4 cartons.

287. PARIS QUI S'EN VA et Paris qui vient. Illustré de vingt-six
eaux-fortes par Léopold Flameng. *Paris, A. Delatre, s. d.,* in-fol.,
demi-rel. mar. gren., non rog.

Frontispice et 26 planches gravés à l'eau-forte.

288. PARIS VIVANT. Le Journal, par Clovis Hugues, avec préface
de Henri Bouchot, dessins et eaux-fortes de A. Gérardin, A. Lepère, L. Moulignié, L. Tinayre. Gravures sur bois de Cl. Bellen-
ger, E. Dété, A. Lepère, F. Noël, H. Paillard, J. Tinaire. *Paris,
Société artistique du Livre illustré,* 1890, in-8, papier vélin, br.

289. PARIS VIVANT. Le Théâtre, par Francisque Sarcey. Dessins
de A. Gérardin, A. Lepère, L. Moulignié. Gravures de Cl. Bellen-
ger, F. Noël, H. Paillard, J. Tinayre, E. Dété. *Paris, Société artistique du livre illustré,* 1893, in-8, papier vélin, br.

290. PARNES (R. de) et D'HEYLLI (G.). Le Directoire, portefeuille
d'un incroyable. La Régence, portefeuille d'un roué. Gazette anecdotique du règne de Louis XVI, portefeuille d'un talon rouge.
Anecdotes secrètes du règne de Louis XV. Portefeuille d'un petit
maître. *Paris, Rouveyre et Blond,* 1880-1882, 4 vol. in-8, fig., br.
(*Couvert. illust.*).

291. PERRAULT. Les Contes des fées, en prose et en vers, de Charles Perrault. Nouvelle édition, revue et corrigée sur les éditions
originales, et précédée d'une lettre critique par Ch. Giraud. *Paris,
Imprimerie impériale,* 1864, in-8, portrait et vignettes, br.

Imprimé à 400 exemplaires.

292. PERRAULT (Charles). Les Contes des fées en prose et en vers.

Deuxième édition, revue et corrigée sur les éditions originales et précédée d'une lettre critique par Ch. Giraud. *Lyon, L. Perrin*, 1865, in-8, portrait, en feuilles, dans un carton.

Un des 10 exemplaires imprimés sur PAPIER DE CHINE.

293. PETITE BIBLIOTHÈQUE ARTISTIQUE (De la). *Paris, Édition Jouaust*, 126 vol. in-12, fig., br.

Heptaméron, de la Reine de Navarre, grav. de Flameng, 8 fascic. — Décaméron, de Boccace, grav. de Flameng, 10 fasc. — Cent nouvelles nouvelles, dessins de J. Garnier, grav. de Lalauze, 10 fasc. — Manon Lescaut, grav. d'Hédouin. — Gulliver, grav. de Lalauze. — Voyage sentimental, grav. d'Hédouin. — Rabelais, grav. de Boilvin. — Contes de Perrault, grav. de Lalauze, 2 vol. — Contes rémois, dessins de J. Worms, grav. par Rajon. — Voyage autour de ma chambre, de X. de Maistre, grav. d'Hédouin. — Romans de Voltaire, grav. de Laguillermie, 5 fasc. — Robinson Crusoé, grav. de Mouilleron, 4 vol. — Paul et Virginie, grav. de Laguillermie. — Chansons de Nadaud, grav. d'Ed. Morin. — Physiologie du goût, grav. de Lalauze. — Le Diable boiteux, grav. de Lalauze, 2 vol. — Roman comique, grav. de Flameng, 3 vol. — Confessions de Rousseau, grav. d'Hédouin, 4 vol. — Mille et une nuits, grav. de Lalauze, 10 vol. — Les Dames galantes, dessins d'Ed. de Beaumont, gravés par Boilvin, 3 vol. — Les facétieuses nuits de Straparole, dessins de J. Garnier, gravés par Champollion, 4 vol. — Beaumarchais. Mariage de Figaro. Barbier de Séville. Dessins d'Arcos gravés par Monziès, 2 vol. — Contes d'Hoffmann, grav. de Lalauze, 2 vol. — Les Amours du chev. de Faublas, dessins d'Avril, gravés par Monziès, 5 vol. — Lettres persanes, dessins d'Ed. de Beaumont, gravés par Boilvin, 2 vol. — Fables de Florian, dessins d'Émile Adan, gravés par Le Rat. — Werther, de Gœthe, gravures de Lalauze. — Les Quinze joyes du mariage, 21 gravures de Lalauze. — Mes prisons, dess. de Bramtot, grav. par Toussaint. — Don Quichotte, dessins de J. Worms, gravés par de Los Rios, 6 vol. — Fables de La Fontaine, dessins d'Émile Adan, gravés par Le Rat, 2 vol. — Le Diable amoureux, grav. de Lalauze, 2 vol. — Brindilles rabelaisiennes. — La Fontaine. Contes. Dessins d'Ed. de Beaumont, gravés par Boilvin, 2 vol. — Le Sage. Histoire de Gil Blas, 13 eaux-fortes par R. de Los Rios, 4 vol. — J.-J. Rousseau. La Nouvelle Héloïse. Dessins d'Edm. Hédouin, gravés par lui-même et par Toussaint. Eaux-fortes de Lalauze, 6 vol. — Les Caquets de l'accouchée. Eaux-fortes par Ad. Lalauze. — Goldsmith. Le Vicaire de Wakefield. Eaux-fortes par Ad. Lalauze, 2 vol. — Mémoires de Madame de Staal-Delaunay. 41 eaux-fortes par Ad. Lalauze, 2 vol.

294. PETITE BIBLIOTHÈQUE DE LUXE (De la). *Paris, Quantin*, 1878-1883, 8 vol. in-8, fig., br.

CAZOTTE. Le Diable amoureux. Préface de J. Pons. Eaux-fortes de F. Bubot. — CONSTANT (Benjamin). Adolphe. Préface de J. Pons. Eaux-fortes de Régamey. — DIDEROT. Le neveu de Rameau. Avec notes par G. Isambert. Portrait et 2 eaux-fortes par Saint-Elme Gauthier. — FURETIÈRE (A.). Le Roman bourgeois. Préface de E. Colombey. Eaux-fortes de Dubouchet. — KRUDENER (Madame de). Valérie. Préface de Parisot. Eaux-fortes de M. Leloir. — LA FAYETTE (Madame de).

La princesse de Clèves. Préface de H. Taine. Eaux-fortes de F. Masson. — Prévost (Abbé). Manon Lescaut. Préface de M. de Lescure. Eaux-fortes de Lalauze. — Saint-Pierre (Bernardin de). Paul et Virginie. Préface de J. Claretie. Eaux-fortes de F. Régamey.

295. PETITE BIBLIOTHEQUE LITTERAIRE (De la). *Paris, Lemerre*, 1868-1893, 78 vol. in-12, br.

Arioste: Roland furieux, traduction nouvelle par Fr. Reynard, 4 vol. — Beaumarchais. Théâtre. — Boileau. Œuvres avec notes et variantes par A. Pauly, 2 vol. — Boccace. Le Décaméron, avec notes et glossaire, par Fr. Dillaye, 5 vol. — Corneille (Pierre). Théâtre. Avec notes par A. Pauly, 8 vol. — Chénier (André). Œuvres poétiques. Avec notes par Gabriel de Chénier, 3 vol. — Courier (P.-L.). Œuvres. Avec notes par Fr. de Caussade. — Coppée (Fr.). Poésies (1864-1869). Théâtre (1869-1872), 2 vol. — Dante. La Divine comédie, traduction nouvelle par Fr. Reynard, 2 vol. — Hamilton. Mémoires du comte de Grammont, avec variantes et index par H. Motheau. — Horace. Œuvres. Traduction nouvelle par Leconte de Lisle, 2 vol. — Lemoyne (André). Poésies (1855-1870), 1871. — La Fontaine. Fables et Contes, avec notes par A. Pauly, 4 vol. — Le Sage. Gil Blas, avec notes par A.-P. Malassis, 4 vol. — Le Diable boiteux, 2 vol. — Théâtre, avec notes par Fr. Dillaye. Ens. 7 vol. — La Rochefoucauld. Réflexions ou sentences et maximes morales. Textes de 1665 et de 1678 revus par Ch. Royer. — Longus. Les Amours pastorales de Daphnis et Chloé. — Marguérite de Navarre. L'Heptaméron. Avec notes et variantes par Fr. Dillaye, 3 vol. — Molière. Œuvres, avec notes et variantes par A. Pauly, 8 vol. — Prévost (Abbé). Manon Lescaut. — Racine. Œuvres. Notice par A. France, 5 vol. — Regnard. Théâtre. Avec notes par Piédagnel, 2 vol. — Regnier (Mathurin). Œuvres. Avec variantes et glossaire par E. Courbet. — Saint-Pierre (Bernardin de). Paul et Virginie. Avec notes et notice par A. France. — Scarron. Le roman comique. Avec notes et variantes par Fr. Dillaye, 2 vol. — Térence. Comédies. Traduction Hinstin, avec le texte latin, 3 vol. — Voltaire. Romans. Avec notes par Fr. Dillaye, 3 vol. — Virgile. Œuvres, traduction Hinstin, avec le texte latin, 3 vol. —

Exempl. imprimés sur papier Whatman.

On y a joint les suites de figures suivantes :

Boileau, 7 eaux-fortes d'après *Cochin*, gravées par *Monziès* et *Courtry*, sur Chine avant la lettre. — Corneille, 35 eaux-fortes d'après *Gravelot*, gravées par *Mongin*, sur papier Whatman, avant la lettre. — Heptaméron. 18 eaux-fortes d'après *Freudenberg*, gravées par *Martinez*, sur papier Whatman, avant la lettre. — Le Sage. *Gil Blas*, 16 eaux-fortes par *H. Pille*, gravées par *Louis Monziès* sur pap. Whatman, avant la lettre. — Le Sage. *Diable boiteux*, 9 eaux-fortes par *H. Pille*, gravées par *L. Monziès* sur pap. Whatman, avant la lettre. — Longus. 7 eaux-fortes d'après les dessins de *Prudhon*, gravées par *Boilvin*, sur papier Whatman, avant la lettre. — Molière. Titre, portrait et 33 figures de *Henri Pille*, d'après *Boucher*. — Racine. 13 eaux-fortes d'après *Gravelot*, gravées par *Monziès*, *Martinez* et *Lemaire* sur papier Hollande, avant la lettre. — Scarron. 12 eaux-fortes dessinées par *H. Pille*, gravées par *Monziès* sur papier

WHATMAN, AVANT la lettre. — VOLTAIRE. 21 eaux-fortes d'après *Monnet* et *Marillier*, gravées par *L. Monziès* sur PAP. WHATMAN, AVANT la lettre.

296. PETITE COLLECTION ANTIQUE. *Paris, Quantin,* 1878-1889, 14 vol. in-32, fig., br.

APULÉE. L'Amour et Psyché. — LONGUS. Daphnis et Chloé. — MUSÉE. Héro et Léandre. — OVIDE. Les Amours. — A. TATIUS. Leucippe et Clitophon. — LUCIEN. Dialogue des Courtisanes. — VIRGILE. Les Bucoliques. — Poésies de Anacréon et de Sapho. — APPOLLONIUS DE RHODES. Jason et Médée. — HORACE. Odes et Épodes, chant séculaire. — THÉOCRITE. Les Idylles. — LUCAIN. L'Ane. — CATULLE. Odes à Lesbie et Epithalame de Thétis et Pélée. — PROPERCE. Les Elégies.

297. PETITS CONTEURS DU XVIIIe SIECLE. *Paris, Quantin,* 1878-82, 11 vol. in-8, br., portraits et figures dans des cartons (*Couvert.*).

D'Aucourt (Godard). — Besenval. — Boufflers. — Caylus. — Cazotte. — Crébillon fils. — Duclos. — Fromaget. — Moncrif. — Restif de la Bretonne. — Voisenon.

298. PETITS POETES DU XVIIIe SIECLE. *Paris, Quantin,* 1879-1886, 12 vol. pet. in 8, port., br. (*Couvert.*).

Bernis (De). — Bertin. — Bonnard. — Boufflers. — Desforges-Maillard. — Gentil-Bernard. — Gilbert. — Gresset. — Lattaignant. — Malfilâtre. — Piron (Alexis). — Vadé.

299. PORTALIS (Baron Roger). Honoré Fragonard, sa vie et son œuvre, 210 planches et vignettes d'après les peintures, estampes et dessins originaux. Eaux-fortes par Lalauze, Champollion, Courtry, Wallet, Boilvin, Monziès, etc. *Paris, J. Rothschild,* 1889, in-4, simili Japon, br. (*Couvert. illust.*).

300. PREVOST (Abbé). Histoire de Manon Lescaut et du chevalier Des Grieux. Préface de Guy de Maupassant. Illustrations de Maurice Leloir. *Paris, H. Launette,* 1885, très gr. in-8, br. (*Couvert. illust.*).

Contient, en supplément, deux nouvelles aquarelles de Maurice Leloir, gravées par A. Boulard. *Launette,* 1886.

301. PRIVAT D'ANGLEMONT (A.). Paris anecdote. Avec une préface et des notes par Charles Monselet. 50 dessins à la plume par J. Belon et 1 portrait de Privat d'Anglemont gravé à l'eau-forte par R. de Los Rios. — Paris inconnu. Avec une étude sur la vie de l'auteur par Alfred Delvau. 63 dessins à la plume par F. Coindre. *Paris, Rouquette,* 1885-1886. — Ens. 2 vol. in-8, brochés (*Couvert. illustr.*).

302. QUATRELLES. Le Chevalier Beau-Temps. Préface d'Alexandre Dumas fils. Vignettes de Gustave Doré. *Paris, A. Pougin,* 1870, in-8, figures, broché (*Couvert.*).

PREMIER TIRAGE.

3o3. RABELAIS. Œuvres. Texte collationné sur les éditions originales. Avec une vie de l'auteur, des notes et un glossaire. Illustrations de Gustave Doré. *Paris, Garnier,* 1873, 2 vol. in-fol., cart.
toile rouge de l'éditeur, non rog.

PREMIER TIRAGE.

3o4. RACINE (Jean). Théâtre. Orné de vignettes gravées à l'eau-
forte sur les dessins d'Ernest Hillemacher par Frédéric Hillemacher. *Paris, Librairie des bibliophiles,* 1873-74, 4 vol. in-8, figures,
brochés.

3o5. RAFFAELLI (J. F.). Les Types de Paris, dessins de Jean-
François Raffaëlli, édition du Figaro. *Paris, Plon, Nourrit et C*ie,
s. d., in-4, figures en noir et en couleurs, dos et coins toile, non
rog. (*Couvert. du livre et des livraisons conservées*).

3o6. RENAN (Ernest). Prière sur l'Acropole. Compositions de H.
Bellery-Desfontaines, gravées par Eugène Froment. *Paris, Ed.
Pelletan,* 1899, pet. in-4, broché.

3o7. REVEILHAC (Paul). Bécasse. Illustrations de Jules Haro.
Évreux, Ch. Hérissey, 1884, in-12, fig., broché (*Couvert.*).

Exemplaire imprimé sur papier teinté.

3o8. RICHARD (Jules). En Campagne. Tableaux et dessins de A.
de Neuville. — 2ᵉ série. Tableaux et dessins de Meissonier, Ed.
Detaille, A. de Neuville, Bellangé, Boutigny, Girardet, etc. *Paris,
Boussod, Valadon,* 2 séries en 9 liv. in-fol. dans 2 cartons.

3o9. ROSTAND (Ed.). Suite de 53 figures (dont un titre) et vignettes
gravées sur bois par Thevenot pour *Cyrano de Bergerac,* édition
Magnier, dans un carton.

Épreuves sur Chine, avant la lettre. On y a ajouté les 5 grandes figures en épreuves, en couleurs, sur papier couché.

3io. SAINT-PIERRE (Bernardin de). Paul et Virginie. Avec une
introduction par Alexandre Piedagnel. Orné de six figures hors
texte et deux vignettes dessinées et gravées à l'eau-forte par Ad.
Lalauze. *Paris, Liseux,* 1879, in-12, broché (*Couvert.*).

311. SAINT-PIERRE (Bernardin de). Paul et Virginie. Illustrations
de Maurice Leloir. *Paris, H. Launette,* 1887, gr. in-8, broché
(*Couvert. illustr.*).

3i2. SAINT-PIERRE (Bernardin de). Suite des 8 eaux-fortes dessinées et gravées par Ad. Lalauze pour illustrer *Paul et Virginie
Paris, Conquet,* 1878, 8 planches dans un carton.

Épreuves sur papier de Chine, AVANT toute lettre.
On y a joint 4 figures de *V. Foulquier,* sur Chine, collé.

313. SAND (George). La Marquise. Compositions de Baugnies, gravées par Courboin. *Paris, Calmann Lévy,* 1888, in-8, broché.

> Tirage à 225 exemplaires sur PAPIER VÉLIN fait pour la librairie Conquet.

314. SAND (George). Les beaux messieurs de Bois-Doré. Illustrations d'Adrien Moreau gravées sur bois par Brauer, Froment, Hamel, Méaulle, Rousseau et Thomas. *Paris, Testard,* 1892, 2 vol. in-8, brochés (*Couvert. illustr.*).

> Avec les 10 compositions d'*Adrien Moreau*, gravées à l'eau-forte par *Boulard, Gery Bichard* et *Vion*, dans un carton toile grise.

315. SAND (Maurice). Masques et bouffons (comédie italienne). Texte et dessins par Maurice Sand. Gravures par A. Manceau. Préface par George Sand. *Paris, Michel Lévy,* 1860, 2 vol. gr. in-8, demi-rel. chag. noir, dos orné, tr. dor.

> Figures coloriées.

316. SANDEAU (J.). Un Début dans la magistrature. 1 portrait et 12 vignettes dessinées par Baugnies, gravés par Deville. *Paris, Calmann Lévy,* 1888, pet. in-8, broché.

> Tirage à 225 exemplaires sur PAPIER VÉLIN fait pour la librairie Conquet.

317. SCARRON. Le Roman comique, peint par J.-B. Pater et J. Dumont Le Romain, réduit d'après les gravures de Surugue, Benoit Audran, E. Jeaurat, Lépicié, Scotin par M. Tiburce de Mare. Avec notes par A. de Montaiglon. *Paris, Rouquette,* 1883, gr. in-8, planches, broché.

> Un des 150 exemplaires imprimés sur PAPIER DU JAPON contenant les figures en deux états.

318. SCARRON. Le Roman comique. Nouvelle édition illustrée de 350 compositions par Edouard Zier. *Paris, H. Launette,* 1888, très gr. in-8, broché (*Couvert. illustr.*).

319. SEMIANE (Albert). Bagatelles. Trois eaux-fortes d'Avril. *Paris, Conquet,* 1884, pet. in-12, broché.

> Un des 65 exemplaires imprimés sur PAPIER DE HOLLANDE.

320. SHAKESPEARE. Œuvres complètes de W. Shakespeare, traduites par François-Victor Hugo. *Paris, A. Lemerre, s. d.,* 16 tomes en 17 vol. pet. in-8, brochés.

> De la *Petite bibliothèque littéraire*. Exemplaire imprimé sur PAPIER WHATMAN.
> On y a joint la suite des 36 eaux-fortes dessinées par *H. Pille*, gravées par *L. Monzies*, sur PAPIER WHATMAN, AVANT la lettre.

321. SOCIÉTÉ DES AQUA-FORTISTES. Eaux-fortes modernes. Publications d'œuvres originales et inédites. *Paris, Cadart et Luquet,* années 1863, 1864, 1865, 1866, 4 vol. in-fol., en feuilles.

> 240 eaux-fortes.

322. SOCIÉTÉ FRANÇAISE DES AMIS DES ARTS. Années 1886-1905, 20 albums, in-fol., en feuilles, dans des cartons.

Eaux-fortes, lithographies, gravures.
Exemplaire de sociétaire.

323. SONNETS ET EAUX-FORTES. Sonnets de J. Aicard, Th. de Banville, A. Barbier, L. Cladel, F. Coppée, L. Dierx, Glatigny, J.-M. de Heredia, etc., etc. Eaux-fortes par L. Gaucherel, E. Morin, Cél. Nanteuil, G. Doré, Gérôme, Français, etc., etc. *Paris, A. Lemerre,* 1869, in-4, rel. toile de l'éditeur, non rogné

Imprimé à 350 exemplaires.

324. SOULIÉ (Frédéric). Le Lion amoureux. Nouvelle édition illustrée de 19 vignettes dessinées par Sahib et gravées au burin sur acier par Nargeot. Avec notice historique et littéraire par Ludovic Halévy. *Paris, L. Conquet,* 1882, in-18 carré, broché (*Couvert.*).

325 SOUVENIRS (les) et les regrets du vieil amateur dramatique, ou lettres d'un oncle à son neveu sur l'ancien théâtre français, depuis Bellecour, Lekain, Préville, etc., jusqu'à Molé, Monvel, Dugazon, etc. (par Arnault). *Paris, Leclère,* 1861, in-8, broché.

Planches coloriées.

326. STENDHAL (Henri Beyle). La Chartreuse de Parme. Réimpression textuelle de l'édition originale, illustrée de 32 eaux-fortes par V. Foulquier. Préface de Francisque Sarcey. *Paris, Conquet,* 2 vol. in-8, brochés (*Couvert.*).

327. STENDHAL (Henri Beyle). Le Rouge et le Noir. Réimpression textuelle de l'édition originale, illustrée de 80 eaux-fortes par H. Dubouchet. Préface de Léon Chapron. *Paris, Conquet,* 1884, 3 vol. in-8, brochés.

328. STERNE (Laurence). Voyage sentimental en France et en Italie. Traduction de Émile Blémont. Illustrations de Maurice Leloir. *Paris, H. Launette,* 1884, in-4, broché (*Couvert. illust.*).

329. THEURIET (André). Sous bois. Nouvelle édition illustrée de 78 compositions de H. Giacomelli, gravées sur bois par Berveiller, Froment, Méaulle et Rouget. Préface de Jules Claretie. *Paris, L. Conquet,* 1883, pet. in-8, broché (*Couvert.*).

330. TILLIER (Claude). Mon oncle Benjamin. Nouvelle édition illustrée d'un portrait-frontispice et de 42 dessins de Sahib gravés sur bois par Prunaire, avec une préface par Monselet. *Paris, librairie Conquet,* 1881, 2 vol. pet. in-8, brochés (*Couvert. illust.*).

331. UCHARD (Mario). Mon oncle Barbassou. Orné de 40 compositions gravées à l'eau-forte par Paul Avril. *Paris, Lemonnyer,* 1884, gr. in-8, broché.

332. UN SIÈCLE. Mouvement du monde de 1800 à 1900. *Paris,
Goupil,* 1900, 3 vol. in-4, dos et coins mar. rouge, tête dor.,
non rog.

Nombreuses illustrations.

333. UZANNE (Octave) et ROBIDA (A.). Contes pour les bibliophiles. Nombreuses illustrations dans le texte et hors texte. *Paris,
Quantin,* 1895, gr. in-8, broché (*Couvert. illust.*).

334. UZANNE (Octave). Les Modes de Paris. Variations du goût et
de l'esthétique de la femme, 1797-1897. Illustrations originales de
François Courboin, dans le texte et hors texte, d'après des documents inédits. *Paris, H. May,* 1898, pet. in-4, dos et coins chag
vert, fil. dor., dos orné, non rog.

335. VAUX (baron de). Les Hommes d'épée. Préface par Aurélien
Scholl. Illustrations de MM. Arcos, Berne-Bellecour, E. de Liphart,
A. Ferdinandus, Jacquemart, Le Natur, etc. *Paris, Ed. Rouveyre,*
1882, in-8, figures sur Chine, broché (*Couvert. illust.*).

336. VÉTAULT (A.). Charlemagne. Introduction par Léon Gautier.
Paris, Mame, 1877, gr. in-8, figures, broché.

Exemplaire imprimé sur PAPIER VERGÉ.

337. VIGNY (Comte Alfred de). Cinq-Mars, ou une conjuration
sous Louis XIII. *Paris, A. Lemerre, maison Quantin,* 1889, 2 vol.
in-8, figures par A. Dawant, gravées par Gaujean, dos et coins
mar. rouge, tête dor., non rog. (*Couvert.*).

Reliures fatiguées.

338. VOLTAIRE. Les Vous et les Tu. Epître de M. de Voltaire ornée
de lithographies à la plume par Fraipont. *Paris, imprimé pour les
amis des livres,* 1883, in-8, figures, broché (*Couvert.*).

Contient les figures en deux états dont une épreuve hors texte sur
Japon.

339. WILLETTE (A.). Pauvre Pierrot. 20 reproductions héliogra-
phiques. *Paris, L. Vanier,* 1884, 20 planches dans un carton.

340. ZOLA (Emile). Nouveaux contes à Ninon. 1 frontispice et 30
compositions dessinés et gravés à l'eau-forte par Ed. Rudaux.
Paris, L. Conquet, 1886, 2 vol. in-8, brochés.

Exemplaire imprimé sur PAPIER DU JAPON.

LIVRES MODERNES

DANS TOUS LES GENRES

341. ANACRÉON. Odes traduites en vers par H. Vesseron. *Jouaust,* 1875, pet. in-12 (imprimé à petit nombre). — CATULLE. Poésies. Traduction nouvelle par V. Develay. *Librairie des auteurs,* 1867, in-16 (imprimé à petit nombre). — HORACE. Odes gaillardes, traduites en vers par A. Barthet. *Dentu,* 1862. — HORACE. Œuvres traduites en vers par A. de Bors. Illustrations de Paul Avril (imprimé à petit nombre). — PINDARE. Odes, Traduction nouvelle par J.-F. Boissonnade ; complétée par Egger. *Grenoble et Paris,* 1867, in-32. — LUCRÈCE. De la nature des choses. Traduction complète en vers par A. Lefèvre. *Fischbacher,* 1876, in-8. — Ens. 6 vol., br.

342. ARCHIVES de la Comédie française. Registre de la Grange (1658-1685), précédé d'une notice biographique. Publié par les soins de la Comédie française, janvier 1876. *Paris, J. Claye, s. d.* in-4, portrait de Lagrange ajouté, broché.

343. AUBIGNÉ (Agrippa d'). Œuvres complètes, publiées, avec notes, commentaire par MM. Eug. Réaume et de Caussade. *Paris, Lemerre,* 1873-92, 6 vol. in-8, brochés.

Exemplaire imprimé sur PAPIER DE HOLLANDE.

344. BAISER (Le). Etude littéraire et historique. *Nancy, Berger-Levrault,* 1888, gr. in-8, broché (*Couvert.*).

Exemplaire imprimé sur PAPIER DE HOLLANDE.

345. BASCHET (Armand). Le duc de Saint-Simon, son cabinet et l'historique de ses manuscrits, d'après des documents authentiques et entièrement inédits. *Paris, Plon,* 1874, gr. in-8, broché.

Exemplaire imprimé sur PAPIER DE HOLLANDE.
On y a joint : A. Baschet. Le Roi chez la Reine. *Plon,* 1866, pet. in-8, br. — Mémoire d'Armand du Plessis de Richelieu, evêque de Luçon, publié par A. Baschet. *Plon,* 1880, br. in-8.

346. BEAUMARCHAIS. Théâtre complet. Réimpression des éditions princeps avec les variantes des manuscrits originaux publiés par G. d'Heylli et F. de Marescot. *Paris, Académie des Bibliophiles,* 1869-71, 4 vol. in-8, papier vergé, portrait, brochés.

347. BIBLE (La). Traduction nouvelle d'après les textes hébreu et grec par E. Ledrain. *Paris, Lemerre,* 1886-99, 10 vol. in-8, brochés.

348. BIBLIOTHÈQUE ORIGINALE (De la). *Paris, R. Pincebourde,*
1864-1866, 8 vol. in-16, brochés.

> CLARETIE (J.). Petrus Borel, le lycanthrope, sa vie, ses écrits...,
> 1865, frontisp. — DU NOYER (Mme). L'Histoire du sieur abbé-comte de
> Bucquoy, singulièrement son évasion du For-l'Évêque et de la Bas-
> tille, 1866, front. — JANIN (J.). Béranger et son temps, 1866, front.
> — LORÉDAN LARCHEY. Les Mystifications de Caillot-Duval, 1864, front.
> — Correspondance intime de l'armée d'Égypte interceptée par la croi-
> sière anglaise, 1866. — MONSELET (Ch.). Fréron, ou l'illustre critique,
> 1864, front. — La vérité sur la mort d'Alexandre le Grand par E. Lit-
> tré. — La mort de Jules César, par Nicolas de Damas, 1865.

349. BOCCACE. Le Décaméron. Traduction complète par Antoine
Le Maçon, secrétaire de la Reine de Navarre (1545). *Paris, Liseux,* 1879, 6 vol. pet. in-12, brochés (*Couvert.*).

350. BOSSUET. Œuvres complètes, publiées d'après les imprimés
et les manuscrits originaux par F. Lachat. Édition renfermant tous
les ouvrages édités et plusieurs inédits. *Paris, L. Vives,* 1862-
1866, 31 vol. in-8, brochés.

351. CABINET DU BIBLIOPHILE. *Paris, Jouaust,* 1868-75, 14 vol.
in-16, brochés.

> Amusements sérieux et comiques, par Rivière-Dufresny, 1869. —
> D'Aubigné (A.). Le Printemps. Stances et odes, 1874. — La Chroni-
> que de Gargantua, 1868. — La chronique de Gargantua et de Pan-
> tagruel, 1872. — Le Disciple de Pantagruel, 1875. — Le premier texte
> de La Bruyère, 1868. — Le premier texte de La Rochefoucauld,
> 1869. — Lettres turques, 1869. — La Puce de Mme Desroches, 1868.
> — Les Marguerites de la Marguerite des princesses, 1873, 4 vol. —
> Satires de Dulorens, 1869.

352. CHANSON DE ROLAND (La). Traduction nouvelle, rhythmée
et assonancée. Avec introduction et notes par L. Petit de Julle-
ville. *Paris, A. Lemerre,* 1876, in-8, broché.

> Exemplaire imprimé sur PAPIER DE HOLLANDE.

353. CHEFS-D'ŒUVRE INCONNUS (Les). *Paris, Librairie des bibliophiles,* 1879-86, 11 vol. pet. in-12, figures par Lalauze, brochés.

> Louise et Thérèse, par Restif de la Bretonne, 1881. — Anecdotes
> littéraires de l'abbé de Voisenon, 1880. — Le voyage à Paphos, par
> Montesquieu, 1879. — Le chevalier de Warwick, 1880. — Contes de
> Saint-Lambert, 1883. — Les Porcherons, 1882. — Bagatelles morales
> de l'abbé Coyer, 1884. — Psaphion, ou la courtisane de Smyrne, 1884.
> — Les Soupers de Daphné par Meusnier de Querlon, 1886. — Les
> Veillées d'un malade, par Villeterque, 1881. — Annales amusantes
> (1741), 1882.

354. CHEVIGNÉ (Cte de). Les Contes rémois. Neuvième édition. *Paris, Librairie des bibliophiles,* 1871, in-18, pap. de Holl. — Les

Contes rémois. Edition miniature. *Epernay, Bonnedame*, 1875, in-32. — Ens. 2 vol. br.

> On y a joint : Lacour (Louis). La Muse champenoise au xixe siècle. M. le comte de Chevigné. *Venusville*, 1865.

355. CLASSIQUES JOUAUST. *Paris, Jouaust*, 1867-72, 6 vol. in-8, papier vergé, brochés, dans des cartons.

> Aubigné (Agrippa d'). Les Tragiques, édition Ch. Read. 1872. — La Rochefoucauld. Réflexions, ou sentences de maximes morales. Édition Louis Lacour, 1868. — Montesquieu. Lettres persanes. Édition Louis Lacour, 1869. — Rabelais. Édition A. de Montaiglon et Lacour, 1868-69, 2 vol. — Régnier. Œuvres. Édition Louis Lacour, 1867.

356. CLEF D'AMOUR (La). Poème publié, d'après un manuscrit du xive siècle, par Edwin Tross. Avec une introduction et des remarques par M. H. Michelant. *Lyon, Louis Perrin et Paris, Tross*, 1866, pet. in-8, broché.

> Imprimé à petit nombre.

357. CLOUARD (Maurice). Documents inédits sur Alfred de Musset. *Paris, Rouquette*, 1900, gr. in-8, broché.

> Un des 40 exemplaires imprimés sur papier de Hollande.

358. COLLECTION CALMANN LÉVY. 1881-86, 11 vol. in-16, brochés (*Couvert. bleues*).

> About (E.). Le nez d'un notaire, 1886. — Balzac (H. de). Le colonel Chabert, 1886. — Della-Rocca (Princesse). Souvenirs de la vie intime de Henri Heine, 1881. — Halévy (Ludovic). Deux mariages, 1883. — Heine (Henri). Mémoires, traduction J. Bourdeau, 1884. — Loti (Pierre). Les trois dames de la Kasbah, conte oriental, 1884. — Pailleron (Éd.). Le Théâtre chez Madame, 1881. — Selden (Camille). Les derniers jours de Henri Heine, 1884. — Simon (J.). L'affaire Nayl, 1883. — Ulbach (L.). Les inutiles du mariage, 1885. — Vogüé (E. M. de). Histoire d'hiver, 1885.

359. COLLECTION DES CLASSIQUES FRANCAIS du prince impérial collationnés sur les meilleurs textes. *Paris, H. Plon*, 1862-1880, 61 vol. in-16, port., brochés.

> Beaumarchais, 2 vol. — Boileau, 5 vol. — Bossuet, 4 vol. — Corneille (P.), 12 vol. — Fléchier. — La Bruyère, 3 vol. — La Fontaine, Fables, 2 vol. — La Rochefoucauld. — Marivaux. — Massillon, 4 vol. — Molière, 8 vol. — Montesquieu. — Pascal. Pensées, 2 vol. Provinciales, 2 vol. — Racine, 8 vol. — Regnard, 2 vol. — Vauvevargues, 3 vol.
> Exemplaires imprimés sur papier de Hollande.

360. COLLECTION DES ROMANS CLASSIQUES du xviiie siècle, publiés par G. d'Heilly et F. Steenackers. *Paris, Jouaust*, 1868-69, 6 vol. gr. in-8, papier vergé, brochés.

> Saint-Pierre (Bernardin de). Paul et Virginie, précédée d'une préface par Jules Janin. — Le Sage. Le diable boiteux. Histoire de

Gil Blas de Santillane. Réimpression de l'édition de 1747, précédée d'une introduction par F. Sarcey et ornée d'un portrait de l'auteur d'après Guélard, 2 vol. — VOLTAIRE. Candide, ou l'optimisme. Édition originale, suivie d'une lettre de M. Demad et de notes et variantes. — Manon Lescaut.

361. COLLECTION LEMONNYER, 1878-1879, 6 vol. pet. in-12, figures, brochés.

> CONTES ET NOUVELLES EN VERS, par Voltaire, Vergier, Senécé, Perrault, Moncrif et le P. Ducerceau, 2 vol. — LA FONTAINE. Contes et nouvelles en vers par Jean de la Fontaine, 2 vol. — NOGARET (Félix). Le Fond du sac, recueil de contes en vers, 2 vol.

362. COLLECTION ROUVEYRE, 1879-1881, 4 vol. pet. in-8, brochés.

> BONHOMME (Honoré). La Société galante et littéraire au xviiie siècle, 1880. — JULLIEN (A.). Le Comédie et la galanterie au xviiie siècle, 1879. L'opéra secret au xviiie siècle, 1880. La ville et la cour au xviiie siècle, 1881.

363. CONTEURS FRANÇAIS (les). *Paris, Librairie des bibliophiles,* 1874-75, 4 vol. gr. in-8, brochés.

> DES PÉRIERS (B.) Nouvelles récréations et joyeux devis, suivis du Cymbalum mundi. Avec notes et glossaire par Louis Lacour. 2 vol. — DU FAIL (Noël). Contes et discours d'Eutrapel. Avec notes et glossaire par C. Hippeau. 2 vol.
> PAPIER DE HOLLANDE.

364. CORNEILLE. Oeuvres. Nouvelle édition, revue sur les plus anciennes impressions et les autographes, et augmentée de variantes, notes, lexique, fac-similé par M. Ch. Marty-Laveaux. *Paris, Hachette,* 1862, 12 vol. et 1 album in-8, brochés.

> De la Collection « *les Grands écrivains de la France* ».

365. COUSIN (J.) Le comte de Clermont, sa cour et ses maîtresses. Lettres familières, recherches et documents inédits. *Paris, Académie des Bibliophiles,* 1867, 2 vol. in-12, papier de Holl., brochés.

366. CURIOSITÉS BIBLIOGRAPHIQUES. *Rouen, J. Lemonnyer,* 1879, 6 vol. in-12, brochés.

> Une parodie curieuse de l'art poétique de Boileau tirée d'un almanach de poche du xviiie siècle. — La Monacologie, ou histoire naturelle des moines, traduite du latin par Broussonnet (figures). — Les Droits du Seigneur. Recherches, par J.-J. Rapsaet. — Vivant Denon, Point de lendemain. Conte en prose. — Vadé. La pipe cassée. — Dissertation sur les idées morales des Grecs par Audé.

367. DENON (Vivant). Point de lendemain, conte. *Strasbourg,* 1861, in-12, dos et coins mar. rouge, tête dor., non rog.

> Imprimé à très petit nombre.

368. DU FAIL (Noël). Contes et discours d'Eutrapel réimprimés par

les soins de D. Jouaust avec notes et glossaire par C. Hippeau.
Paris, Librairie des Bibliophiles, 1875, 2 vol. gr. in-8, brochés.

PAPIER DE HOLLANDE.

369. ERASME. Les Colloques nouvellement traduits par Victor Develay et ornés de vignettes gravées à l'eau-forte par J. Chauvet.
Paris, Jouaust, 1875-76, 3 vol. in-8, figures, brochés.

370. HALÉVY (F.). Leçons de lecture musicale par F. Halévy. *Paris,
Léon Escudier*, s. d., gr. in-8, musique notée, dos et coins mar.
citron, fil dor., dos orné, tr. marb.

On y a joint deux lettres autographes de l'auteur.

371. HEULHARD (Arthur). La foire Saint-Laurent, son histoire et ses
spectacles ; avec deux plans de la foire, deux estampes et un fac-
similé d'affiche. *Paris, A. Lemerre*, 1878, pet. in-8, br.

372. GRESSET. Poèmes de Gresset. *Jouaust*, 1867. — Le Méchant.
comédie en 5 actes, précédée d'une notice par G. d'Heylli. *Id.*,
1874. — Ens. 2 vol. pet. in-8., brochés.

Exemplaires imprimés sur PAPIER VERGÉ.

373. HUGO (Victor). Oeuvre poétique. Édition elzévirienne impri-
mée par Jouaust. Ornements du texte dessinés par E. Froment.
Paris, Hetzel, 1869-1870, 10 vol. in-12, brochés.

Odes et ballades. — Orientales. — Feuilles d'automne. — Chants
du crépuscule. — Voix intérieures. — Rayons et ombres. — Contemplations, 2 vol. — La Légende des siècles. — Les Chansons des rues et
des bois.
Un des 50 exemplaires imprimés sur PAPIER DE CHINE.

374. HUGO (Victor). Oeuvres complètes. *Paris, A. Lemerre*, 1875-
1888, 23 vol. pet. in-12, brochés.

POÉSIE. Odes et ballades. Les Orientales, 2 vol. — Les Feuilles d'automne. Les Chants du crépuscule. — Les Voix intérieures. Les Rayons
et les ombres. — Les Châtiments. — Les Contemplations, 2 vol. — La
Légende des siècles. — Les Chansons des rues et des bois. — L'Année
terrible. — L'Art d'être grand-père. — La Légende des siècles, Nouvelle
série, 2 vol. — Le Pape. Religions et religion. — Les Quatre Vents de
l'esprit. — Légende des siècles, dernière série, 17 vol.
THÉÂTRE. I. Cromwell. II. Hernani. Marion de Lorme. Le Roi s'amuse.
III. Lucrèce Borgia. Marie Tudor. Angelo. IV. La Esmeralda. Ruy
Blas. Les Burgraves, 4 vol.
ROMAN. Notre-Dame de Paris, 2 vol.
Un des 60 exemplaires imprimés sur PAPIER DE CHINE.

375. LA BRUYÈRE. Les Caractères. Texte revu, avec notice et notes
par Ch. Asselineau. *Paris, Lemerre*, 1872, 2 vol. in-8, brochés.
Exemplaire imprimé sur PAPIER DE HOLLANDE.

376. LA BRUYÈRE. Œuvres. Nouvelle édition, revue sur les plus anciennes impressions et les autographes, et augmentée de variantes,
notes, lexique, fac-simile, par M. G. Servois. *Paris, Hachette,*
1875-1882, 3 vol., 1 fascicule et 1 album in-8, brochés.

> De la collection *les Grands Écrivains de la France.*

377. LAMARTINE. Œuvres poétiques. *Paris, Furne, Jouvet et Cie,
Pagnerre, Hachette,* 1875-1879, 6 vol. pet. in-8, brochés.

> Méditations poétiques. — Harmonies poétiques et religieuses. —
> Recueillements poétiques. — Jocelyn. — La Chute d'un ange. — La
> Mort de Socrate.
> Un des 50 exemplaires imprimés sur PAPIER DE CHINE.

378. LAMARTINE (A. de). Œuvres. *Paris, A. Lemerre,* 1885-1891,
14 vol. pet. in-12, brochés.

> Premières méditations. — Nouvelles méditations. — Harmonies
> poétiques. — Jocelyn. — La Chute d'un ange. — Recueillements
> poétiques. — Poésies inédites. — Les Confidences. Graziella. — Les
> Nouvelles confidences. — Raphaël. — Le Tailleur de pierres. — Voyage
> en Orient, 2 vol. — Lectures pour tous.
> Un des 60 exemplaires imprimés sur PAPIER DE CHINE.

379. LARCHEY (Lorédan). Les Excentricités du langage français.
Revue anecdotique, 1861, in-12. — Même ouvrage. *Dentu,* 1865,
in-12. — Nouveau supplément du dictionnaire d'argot. *Id.,* 1889,
in-12. — NISARD (Ch.). De quelques parisianismes populaires et
d'autres locutions non encore ou mal expliqués. *Gand, Vander-
haeghen,* 1875, in-8. — Ens. 4 vol. brochés.

380. LA ROCHEFOUCAULD. Œuvres. Nouvelle édition avec notes, tables, lexique, fac-similé, etc., par M. D. L. Gilbert. *Paris, Hachette,*
1868-1883, 3 part. en 4 vol., 2 fascicules et album, in-8, brochés.

> De la collection *les Grands Écrivains de la France.*

381. LEMERCIER DE NEUVILLE. Théâtre des Pupazzi. *Lyon,
Scheuring,* 1876, in-8, port., br. (*Couvert.*).

382. LIVRE DES SONNETS (Le). Dix dizains de sonnets choisis.
Lemerre, 1874. — Le Livre des ballades, soixante ballades choisies. *Id.,* 1876. — Ens. 2 vol. pet. in-8, brochés.

383. LOMÉNIE (Louis de). Beaumarchais et son temps. Études sur
la société en France au XVIIIe siècle, d'après des documents inédits.
Paris, Michel Lévy, 1856, 2 vol. in-8, veau viol., fil. dor., dos
orné, dent. int., tr. dor. (*Trautz-Bauzonnet*).

> On a ajouté au premier volume une lettre autographe de Beaumar-
> chais, 1 p. 1/2 in-4.

384. LONGUS. Daphnis et Chloé. Traduction d'Amyot, précédée
d'une préface d'Alexandre Dumas fils. *Londres, Louis Glady,* 1878,
in-16, broché.

> Jolie édition imprimée sur papier Turkey-Mill, en caractères rouges
> et bleus.

385. MAISTRE (X. de). Œuvres de M. le comte Xavier de Maistre. *Paris, Dondey-Dupré,* 1825, 3 vol. in-18, port., veau olive, encad. à fr., fil. dor., milieu orné à fr., dos orné, fil. int., tr. dor. (*Rel. de l'époque*).

Jolie petite édition.

386. MALHERBE. Œuvres, recueillies et annotées par M. P. Lalanne. *Paris, Hachette,* 1862-1869, 5 vol. et 1 album, in-8, brochés.

De la collection *les Grands Ecrivains de la France.*

387. MARIE-AMELIE DE BOURBON. Notes historiques et biographiques accompagnées de neuf autographes de Louis-Philippe, Marie-Amélie, la princesse Hélène d'Orléans, la princesse Marie d'Orléans, Mme la duchesse de Nemours, etc. *Paris, Librairie Centrale,* 1868, gr. in-8, port. de la reine Amélie, broché.

Exemplaire imprimé sur PAPIER de HOLLANDE.

388. MAROT (Clément). Œuvres. *Lyon, N. Scheuring,* 1869-70, 2 vol. pet. in-8, brochés.

Un des 100 exemplaires imprimés sur PAPIER WHATMAN.

389. MOLIERE. Œuvres. Nouvelle édition revue sur les plus anciennes impressions et augmentée de variantes, notes, lexique, fac-similé, etc., par M. Eugène Despois. *Paris, Hachette,* 1873-1900, 13 vol., 1 fascicule et 1 album, in-8, brochés.

De la collection *les Grands Ecrivains de la France.*

390. MOLIERE. Théâtre. *Paris, Librairie des Bibliophiles,* 1888-1891, 11 vol. in-16, figures par Leloir, gravées par Champollion, brochés.

Dépit amoureux. — L'Etourdi. — Dom Garcie de Navarre. — L'Ecole des Maris. — Les Précieuses ridicules. — Sganarelle. — L'Ecole des femmes. — La Critique de l'Ecole des femmes. — Les Fâcheux. — L'Impromptu de Versailles. — Le Mariage forcé.

391. MOLIERE. Réimpression des éditions originales des pièces de Molière. *Paris, Librairie des Bibliophiles,* 1872-77, 18 vol. pet. in-12, brochés.

Un des 350 exemplaires imprimés sur papier vergé.

392. MONTAIGNE. Les Essais, accompagnés de variantes, notes, tables et glossaire par E. Courbet et Ch. Royer. *Paris, Lemerre,* 1872-1900, 5 vol. in-8, brochés.

Exemplaire imprimé sur PAPIER DE HOLLANDE.

393. PARIS (Gaston). Histoire poétique de Charlemagne. *Paris, A. Franck,* 1865, in-8, broché.

Rare.

394. PASCAL (Blaise). Les Provinciales. Nouvelle édition d'après les manuscrits autographes, les copies authentiques et les éditions

originales par M. Prosper Faugère. *Paris, Hachette,* 1886-1895,
2 vol. in-8, brochés.

De la collection *les Grands Écrivains de la France.*

395. PASCAL. Les Pensées. Texte revu sur les manuscrits autographes, avec préface et notes par A. Molinier. *Paris, Lemerre,*
1877-79, 2 vol. — Les Provinciales. Avec préface et notes par A.
Molinier. *Id.,* 1891. Ens. 4 vol. in-8, brochés.

Exemplaires imprimés sur PAPIER DE HOLLANDE.

396. PETITE BIBLIOTHÈQUE DE POCHE, *Paris, Quantin, s. d.,*
5 vol. pet. in-12, brochés.

BEAUMARCHAIS. Le Mariage de Figaro. Le Barbier de Séville. Eaux-
fortes de Valton gravées par Abot, 2 vol. — BOURSAULT (E.). Lettres à
Babet. Notice par E. Colombey, portrait et index. — LE SAGE. Tur-
caret, 5 dessins de Valton, gravés par Gaujean. — MAISTRE (Xavier de).
Voyage autour de ma chambre. Préface par A. Piedagnel. Portrait
inédit, 6 gravures de C. Delort.

397. PETITE BIBLIOTHÈQUE LITTÉRAIRE LEMERRE (De la).
37 vol. pet. in-12, brochés.

ASSELINEAU. Les Sept péchés capitaux de la littérature, 1872. —
BANVILLE. Eudore Cleaz, conte, 1870. Théophile Gautier, ode, 1872.
Idylles prussiennes, 1872. Les Stalactites, 1873. Odes funambu-
lesques, 1874. — BARBEY D'AUREVILLY. L'ensorcelée, 1873. Les Diabo-
liques, 1883. Une vieille maitresse, 1886, 2 vol. — BARRÉ. Poésies
pour Alceste, 1869. — BERGERAT. Sauvons Courbet, 1871. — BRIZEUX
(Auguste). Les Bretons, 1879. Marie Télen Arvor, 1879. — DAUDET
(Alphonse). Lettres de mon moulin, 1879. Le petit Chose, 1880.
Contes du lundi, 1882. — DEMENY (P.) Lied de la Cloche (traduit de
Schiller), 1872. — GLATIGNY (A.). Poésies complètes, 1879. — GIRAUD
(A.). Pierrot lunaire, 1884. — GOZLAN (L.). La Dame verte, 1872.
Aristide Froissart, 1880. — GRAMONT (Cte de). Sextines, 1872. —
HERVILLY (E. d'). Les Baisers, 1872. — JUDICIS (L.). Le Collection-
neur, 1875. — LAPRADE (V. de). Les Voix du silence, 1880. — LE-
MOYNE (André). Une idylle normande, 1864. — (Le) LIVRE du biblio-
phile, 1874. — MARTY-LAVEAUX (Ch.). De l'enseignement de notre
langue, 1872. — READ (H.-Ch.). Poésies posthumes, 1886. — SOU-
LARY (J.). Œuvres poétiques, 1880. — SULLY PRUDHOMME. Stances et
poèmes, 1872. — THEURIET (A.). Nouvelles, 1884. Les Tyrtéennes,
1873. — WORMS (F.). De la propriété littéraire, 1878. — Anthologie
des poètes français depuis le XVe siècle jusqu'à nos jours.

On y a joint : BOULLIER. La marquise de Brinvilliers (de la Bibl.
d'un curieux). *Lemerre,* 1883, 2 vol.

398. PLÉIADE FRANÇAISE (La (XVIe siècle). Avec notes et glossaire par Ch. Marty-Laveaux. *Paris, A. Lemerre,* 1867-1898, 24
vol. et fascicules, in-8, brochés.

BAIF (J.-A. de). 6 vol. — BELLEAU (Rémy). 2 vol. — DORAT (J.)
et PONTUS DE TYARD. — DU BELLAY, 3 vol. — JODELLE, 3 vol. — RON-
SARD, 7 vol. — La langue de la pléiade, 2 vol.

Collection rare et très recherchée.

399. RABELAIS. Œuvres accompagnées de variantes, commentaire, table et glossaire par Ch. Marty-Laveaux. *Paris, Lemerre,* 1868-81, 4 tomes en 5 vol. in-8, brochés.

> On y a joint les « Eaux-fortes de Rabelais dessinées par Bracquemond ». *Lemerre,* 1872, in-8, br.
> Exemplaire imprimé sur PAPIER DE HOLLANDE.

400. REGNIER (Mathurin). Œuvres complètes, accompagnées d'une notice biographique, de variantes, de notes, d'un glossaire et d'un index par E. Courbet. *Paris, Lemerre,* 1875, in-8, broché.

> Exemplaire imprimé sur PAPIER DE HOLLANDE.

401. RETZ (cardinal de). Œuvres, nouvelle édition, avec variantes, notes, lexique, fac-similé, par MM. A. Feillet, J. Gourdault et R. Chantelauze. *Paris, Hachette,* 1872-1896, 10 vol. in-8, brochés.

> De la collection *les Grands Ecrivains de la France.*

402. ROTI-COCHON. *Paris, Soc. des Bibl. français,* 1890, pet. in-8, broché (*Couvert.*).

403. SAINT-SIMON (duc de). Mémoires, nouvelle édition, collationnée sur le manuscrit autographe, augmentée des additions de Saint-Simon au journal de Dangeau et de notes et appendices par A. de Boislile. *Paris, Hachette,* 1879-1905, 18 vol. in-8, brochés.

> De la collection *les Grands Ecrivains de la France.*

404. SAINT-SIMON (duc de). Ecrits inédits, publiés sur les manuscrits conservés au Dépôt des affaires étrangères par M. P. Faugère. *Paris, Hachette,* 1880-83 ; 6 vol. in-8, brochés.

405. SAINT-SIMON. Son premier écrit ; lettres d'un habitant de Genève à ses contemporains, 1809 ; sa parabole politique, 1819 ; le nouveau christianisme, 1825 ; précédés de fragments de l'histoire de sa vie écrite par lui-même ; publiés par Olinde Rodrigues, son disciple, chef de la religion saint-simonienne. *Paris, Librairie saint-simonienne,* 1832, in-8, demi-rel. veau fauve, dos orné, non rog.

> On y a joint une lettre autographe de Saint-Simon.

406. SEVIGNE (Mme de). Lettres de Mme de Sévigné, de sa famille et de ses amis, recueillies et annotées par M. Monmerqué. *Paris, Hachette,* 1862-1868, 14 vol., 3 fascicules et 1 album in-8, brochés.

> De la collection *les Grands Ecrivains de la France.*
> On y a joint : Lettres inédites de Madame de Sévigné à Madame de Grignan, sa fille, publiées par Ch. Capmas. *Hachette,* 1876, 2 vol. in-8, brochés.

407. SURVILLE (Clotilde de). Poésies publiées par Ch. Vanderbourg. *Paris, Henrichs,* an XI (1803), in-8, frontisp. par De-

senne, gr. par Roger, veau marb., dent. dor., dos orn., tr. marb.
(*Meslant*).

Exemplaire avec des notes autographes de Sainte-Beuve.

408. TALLEMANT DES REAUX. Les Historiettes. Edition entièrement revue par MM. de Monmerqué et Paulin Paris. *Paris,
J. Techener*, 1862, 6 vol. in-12, vélin à rec., tête rouge, non rog.

409. THÉATRE DES BOULÉVARDS, réimprimé par Georges
d'Heylli, *Paris, Rouveyre*, 1881, 2 vol., fig. — BRAZIER (Nicolas)
Chroniques des petits théâtres de Paris, réimprimées avec variantes
et notes par G. d'Heylli. *Ib. Id.* — Ens. 4 vol. in-16, brochés.

410. VILLON. Œuvres complètes publiées d'après les manuscrits et
les plus anciennes éditions par A. Longnon. *Paris, A. Lemerre*,
1892, in-8, broché.

Exemplaire imprimé sur PAPIER DE HOLLANDE.

411. YRIARTE (Charles). Les princes d'Orléans (portraits contemporains). Préface par Edouard Hervé. *Paris, H. Plon*, 1872, in-8,
16 portraits sur Chine collé, broché.

PAPIER DE HOLLANDE.

BIBLIOGRAPHIE

IMPRIMERIE. — RELIURE.

412. ANONYMES ET PSEUDONYMES. 12 vol. et brochures.

QUÉRARD. Notice bibliographique des ouvrages de M. de La Mennais.
Paris, 1849. in-8., br. — Les auteurs déguisés de la littérature française au XIX° siècle. *Id.*, 1845. — MANNE (E. de). Nouveau dictionnaire
des ouvrages anonymes et pseudonymes, la plupart contemporains.
Lyon, Scheuring. 1862, in-8, br. — Retouches au nouveau dictionnaire
des ouvrages anonymes et pseudonymes de M. E. De Manne. *Paris*,
1862, in-8. br. — D'HEILLY (G.). Dictionnaire des pseudonymes. *Rouquette*, 1868, in-12. — Même livre. *Dentu*, 1869, in-16, br. — JOLIET.
Les Pseudonymes du jour. *Faure*, 1861. Etc., etc.

413. ASSELINEAU. Mélanges tirés d'une petite bibliothèque romantique. Illustrés d'un frontispice à l'eau-forte de Célestin Nanteuil et de vers de MM. Théodore de Banville et Charles Baudelaire. *Paris, R. Pincebourde*, 1866, in-8, fig., broché.

EDITION ORIGINALE.

On y a joint : le catalogue de la vente des livres de Ch. Asselineau,
Paris, 1875, pet. in-8 br.

414. BIBLIOGRAPHIES d'auteurs contemporains, 10 vol. et broch. in-8 et in-12, brochés.

> Brizeux. Mlle Brohan, Brazier. Bric à brac d'Uzanne. *Laporte*, 1884. — Charles Baudelaire, par la Fizelière et Georges Decaux. *Jouaust*, 1868. — Prosper Mérimée. Sa bibliographie par M. Maurice Tourneux. *Baur*, 1876, in-12, port. — Théophile Gautier. Sa bibliographie, par M. Maurice Tourneux. *Id.*, 1876, port. — Romantiques. Petrus Borel. Alexandre Dumas, par A. Parran. *Alais*, 1881. — Honoré de Balzac, par le même. — Bibliographie des œuvres d'Alfred de Musset, par M. Clouard. *Rouquette*, 1883. — H. de Balzac. Etude bibliographique de ses éditions originales, par A. Laporte. *Laporte*, 1884. — Th. de Banville. Etude bibliographique de ses éditions originales, par le même. *Id.*, 1884. — Bibliographie raisonnée et anecdotique des livres édités par Auguste Poulet-Malassis (1853-1862). *Rouquette*, 1885.

415. BIBLIOGRAPHIE des principaux ouvrages relatifs à l'amour, aux femmes, au mariage, par M. le C. d'I***. *J. Gay*, 1861. — RAIN-NEVILLE (J. de). La femme dans l'antiquité et d'après la morale naturelle. *Michel Lévy*, 1865. — WITKOWSKI (G.-J.). Anecdotes historiques et religieuses sur les seins et l'allaitement comprenant l'histoire du décolletage et du corset. *Maloine*, 1898, figures. — — BIBLIOGRAPHIE (La) jaune, par l'apôtre Bibliographe. *A Cocupolis et à Paris*, 1880, in-8, br. [Un des 15 exemplaires imprimés sur papier vergé]. — Ens. 4 vol. in-8, br.

416. BIBLIOMANIE. 3 vol. in-12, broch.

> De la bibliomanie (par L. Bollioud-Mermet). *La Haye*, 1761 [Nouvelle édition publiée par P. Chéron. *Jouaust*, 1865]. — De la bibliomanie, par Bollioud-Mermet [2e édition de la réimpression]. *Id.*, 1866. — La Bibliomanie en 1882, par G. Brunet. *Bruxelles, Gay*, 1883.

417. BIBLIOPHILIE. 3 vol. in-12, brochés.

> Mémoires d'un bibliophile, par M. Tenant de Latour. *Dentu*, 1861. — Enigmes et découvertes bibliographiques, par P.-L. Jacob. *Lainé*, 1866. — L'art d'aimer les livres et de les connaître. Lettres à un jeune bibliophile, par Jules Le Petit. Eaux-fortes de Alfred Gérardin, 1884.

418. BIBLIOTHECA SCATOLOGICA où catalogue raisonné des livres traitant des vertus, faits et gestes le très noble et très ingénieux messire Luc (à rebours)… traduit du prussien par trois savants en us. *Scatopolis*, 1850, in-8, demi-rel. mar. fauve, non rogn. — ANTHOLOGIE SCATOLOGIQUE, recueillie et annotée par un bibliophile de cabinet. *Paris*, 1862, in-12, br.

419. BIBLIOTHÈQUE D'AMATEUR, 3 vol. pet. in-8, brochés.

> ROUVEYRE. Etablissement d'une bibliothèque. Conservation et entretien des livres, etc. *Rouveyre*, 1877. — MOURAVIT (G.). Le livre et la

petite bibliothèque d'amateur. *Aug. Aubry, s. d.* — CIM (Albert). Une bibliothèque. L'art d'acheter les livres, de les classer, etc. *Flammarion,* 1902.

420. BONNARDOT (A.). Essai sur le restauration des anciennes estampes et des livres rares, ou traité sur les meilleurs procédés à suivre pour réparer, détacher, décolorier et conserver les gravures, dessins et livres. Avec un supplément contenant des corrections, notes... et additions d'un chapitre sur la reliure des livres rares. *Paris, Deflorenne Neveu et Vignères,* 1846, 2 vol. in-8, br.

421. BOUCHOT (Henri). Les Ex-libris et les marques de possession du Livre. Illustrations de J. Aveline, Marius Peiret. *Paris, Rouveyre,* 1891. — Des livres modernes qu'il convient d'acquérir. Illustrations de D. Vierge, Toudouze, Giacomelli, etc. *Id.,* 1891. — Ens. 2 vol. in-12, figures, brochés.

422. BRISSART-BINET. Cazin, sa vie et ses éditions. *Cazinopolis (Châlons-sur-Marne, T. Martin),* 1863. — CORROENNE. Manuel du cazinophile. Bibliographie du petit format dit Cazin. *Paris, Corroënne,* 1877. — Ens. 2 vol. in-16, br.

423. BRIVOIS (Jules). Bibliographie des ouvrages illustrés du xix° siècle, principalement des livres à gravures sur bois. *Paris, L. Conquet,* 1883, in-8, broché.

424. BRUNET (J.-Ch.). Manuel du libraire et de l'amateur de livres. Cinquième édition originale entièrement refondue et augmentée d'un tiers par l'auteur. *Paris, F. Didot,* 1860-1865, 6 tomes en 12 vol. in-8, brochés.

425. BRUNET (Gustave). Imprimeurs imaginaires et libraires supposés. Etude bibliographique. *Paris, Tross,* 1866. — Curiosités bibliographiques et artistiques. *Genève, Gay,* 1867. — Ens. 2 vol. in-8, brochés.

426. CATALOGUE de la Bibliothèque de l'abbaye de Saint-Victor au xvi° siècle, rédigé par François Rabelais, commenté par le bibliophile Jacob et suivi d'un essai sur les bibliothèques imaginaires par Gustave Brunet. *Paris, Techener,* 1862, in-8, broché.

Exemplaire imprimé sur PAPIER VERGÉ.

427. CATALOGUE raisonné des livres de la Bibliothèque de M. Ambroise Firmin-Didot. Tome I. Livres avec figures sur bois. Solennités. Romans de chevalerie. *Paris, A.-F. Didot,* 1867, gr. in-8, broché.

PAPIER DE HOLLANDE.

428. CATALOGUE des livres composant la bibliothèque de feu M. le baron de Rothschild (rédigé par M. Emile Picot). *Paris, Dam. Morgand,* 1884-1893, 3 vol. in-8, planches et fac-similés, brochés.

429. CLÉDER (Édouard). Notice sur la vie et les ouvrages de P. de
Corneille-Blessebois. *Aubry*, 1862, in-12. — CORDIER (Henri).
Bibliographie des œuvres de Beaumarchais. Portrait d'après Cochin. *Quantin*, 1883, in-8, port. — QUÉRARD (J.-M.). Monogra-
phie bibliographique. *Chez l'éditeur*, 1863, in-8. — Ens. 3 vol.
broch.

430. COUSIN (Ch.). Voyage dans un grenier. Bouquins, faïences,
autographes et bibelots. Par Charles C... *Paris, Dam. Morgand
et Ch. Fatout*, 1878, gr. in-8, figures, broché.

431. CURIOSITÉS LITTÉRAIRES et BIBLIOGRAPHIQUES. 4 vol.
in-12, br.

> MONSELET (Ch.). Curiosités littéraires et bibliographiques. *Librairie
> des bibliophiles*, 1890. — MOUTON (Eugène). L'art d'écrire un livre, de
> l'imprimer et de le publier. *Welter*, 1896. — Les ennemis des livres,
> par un bibliophile. *Lyon, Georg*, 1879. — SPOELBERCH de LOVENJOUL (v^te
> de). Bibliographie et littérature (trouvailles d'un bibliophile). *Daragon*,
> 1903.
> Imprimés à petit nombre.

432. DEROME. La Reliure de luxe. Le Livre de l'Amateur. Illustrations inédites, reproduites d'après les types originaux par Aron
frères, et dessins de G. Fraipont, Kurner, Perret. Frontispice,
reliure peinte par J. Adeline. *Paris, Rouveyre*, 1888, gr. in-8,
broché (*Couvert. illust.*).

433. ELZEVIR (Bibliographie des), 4 vol. in-12 et in-8, br. et rel.

> Analyse des matériaux les plus utiles, pour des futures annales de
> l'imprimerie des Elsevier. *Gand*, 1843, in-8. — Recherches historiques,
> généalog., bibliogr. sur les Elsevier, par A. de Reume. *Bruxelles*, 1847,
> in-8, port., demi-rel. mar. rouge, non rog. — Recherches sur diverses
> éditions elzéviriennes, par G. Brunet. *Paris, Aubry*, 1866. — Cata-
> logue de l'officine des Elzevier (1628). *Paris*, 1880.

434. EYLAC (d') (Bon de Claye.) La Bibliophilie en 1891-1892-1893.
Paris, Rouquette, 1893-1894, 2 vol. in-8, brochés.

> Imprimé à petit nombre sur PAPIER DE HOLLANDE.

435. GLINEL (Charles). Alexandre Dumas et son œuvre. Notes biographiques et bibliographiques, par Charles Glinel. *Reims,
F. Michaud*, 1884, gr. in-8, broché. — Félix Arvers. *Reims*, 1886,
broch., gr. 8.

> On y a joint. Le Monument d'Alexandre Dumas. *Librairie des biblio-
> philes*, 1884, in-8, fig., br.

436. GUIGARD (Joannis). Bibliothèque héraldique de la France.
Paris, Dentu, 1861, in-8, broché.

437. HANOTAUX (G.). La Seine et les quais. Promenades d'un bibliophile. Frontispice à l'eau-forte par A. Robida. *Paris, Daragon*,
1901. — FONTAINE DE RESBECQ (A. de). Voyages littéraires sur les

quais de Paris. Lettres à un bibliophile de province. *Paris, Durand,* 1857. — Ens. 2 vol. in-12, br.

438. HISTOIRE DE LA BIBLIOPHILIE. Reliures. Recherches sur les bibliothèques des plus célèbres amateurs. Armorial des biblio- philes. Publiée par J. Techener père et Léon Techener fils, avec le concours d'une société de Bibliophiles et accompagnée de planches dessinées et gravées à l'eau-forte par Jules Jacquemart. *Paris, Techener,* 1861-1864, 10 livraisons in-fol., brochées.

    50 planches. Tout ce qui a paru.

439. JANIN (Jules). L'Amour des livres. *Paris, J. Miard,* 1865, in-12, broché (*Couvert.*).
    Tiré à 200 exemplaires sur papier vergé.

440. JANIN (Jules). Le Livre, par Jules Janin. *Paris, Plon,* 1870, in-8, eau-forte et portrait par L. Flameng et Lalauze, ajoutés, broché.

    Exemplaire imprimé sur PAPIER DE HOLLANDE.

441. LE ROUX DE LINCY. Recherches sur Jean Grolier, sur sa vie et sa bibliothèque suivies d'un catalogue des livres qui lui ont appartenu. *Paris, L. Potier,* 1866, in-8, broché et atlas dans un carton.

442. LIVRES du boudoir de la reine Marie-Antoinette au Petit- Trianon. Catalogue authentique et original publié par Louis Lacour. *Paris, Gay,* 1862. — Bibliothèque de la reine Marie-Antoinette au petit Trianon. Catalogue publié par P. Lacroix. *Paris, Gay,* 1863. — Bibliothèque de la reine Marie-Antoinette au château des Tuileries. Catalogue publié par E. Q(uentin) B(auchart). *Paris, Morgand,* 1884. — Ens. 3 vol. in-16, brochés.

443. NISARD (Charles). Histoire des livres populaires et de la litté- rature du colportage. *Paris, Dentu,* 1864, 2 vol., figures. — Des chansons populaires chez les anciens et chez les Français. Essai historique suivi d'une étude sur la chanson des rues contempo- raines. *Id.,* 1867, 2 vol. in-12. — Ens. 4 vol. in-12, brochés.

444. NODIER (Charles). Mélanges tirés d'une petite bibliothèque ou variétés littéraires et philosophiques. *Paris, Roret,* 1829, in-8, broché.

445. PEIGNOT (Gabriel). Répertoire de bibliographies spéciales, curieuses et instructives. *Paris, Renouard,* 1810, in-8, demi-rel. chag. gren., non rog. — Répertoire bibliographique universel. *Id.,* 1812, in-8, demi-rel., veau fauve, tr. marb. — Ens. 2 vol.

446. PEIGNOT (Gabriel). Répertoire bibliographique universel, contenant la notice raisonnée des bibliographies spéciales publiées jusqu'à ce jour et d'un grand nombre d'autres ouvrages de biblio-

graphie, relatifs à l'histoire littéraire et à toutes les parties de la bibliologie. *Paris, Ant.-Aug. Renouard,* 1812, in-8, demi-rel. chag. La Vall., non rog.

447. QUENTIN-BAUCHART (E.). Mélanges bibliographiques (1895-1903). *Paris, H. Leclerc,* 1904, pet. in-4, broché. — A travers les livres. Souvenirs d'outre-tombe, par le même. *Paris, E. Paul et Huart,* 1895, in-12, broché.

> Imprimés à très petit nombre.

448. QUÉRARD (J.-M.). Les Supercheries littéraires dévoilées. Seconde édition, considérablement augmentée, publiée par MM. G. Brunet et P. Janet. *Paris, P. Daffis,* 1869-70, 3 tomes en 6 vol. — BARBIER (Ant.-Alex.). Dictionnaire des ouvrages anonymes. Troisième édition, revue et augmentée par MM. O. Barbier, R. et P. Billard. *Id.,* 1872-77, 4 tomes en 8 vol. — Ens. 14 vol. in-8, brochés.

> La deuxième partie, du tome IV du *Barbier,* manque.

449. RAHIR (Ed.). Catalogue d'une collection unique de volumes imprimés par les Elzevier et divers typographes hollandais du xviie siècle. Rédigé par Edouard Rahir, précédé d'un avant-propos par M. Ferdinand Brunetière et d'une lettre de M. Alphonse Willems. *Paris, Morgand,* 1896, in-8, broché.

> On y a joint. Essai bibliographique sur les éditions des Elzevirs *Paris, Didot,* 1822, in-8, demi-rel. mar. bleu, non rogné.

450. ROUVEYRE (Edouard). Connaissances nécessaires à un bibliophile, 2e édition. *Paris, Rouveyre,* 1878, in-12. — Même ouvrage. 3e édition, revue et corrigée. 1re et 2e parties. *Id.,* 1879-1880, 2 vol. — LACROIX (P.). De la matière des livres, par un bibliophile. *Id.,* 1880. — Les Amateurs de vieux livres, par P.-L. Jacob (bibliophile). *Id.,* 1880. — DEROME (L.). Le luxe des livres. *Id.,* 1879, in-12. — Ens. 6 vol. in-8 et in-12, brochés.

451. RUELLE (Ch.-Emile). Bibliographie générale des Gaules. Répertoire systématique et alphabétique des ouvrages, mémoires et notices concernant l'histoire, la topographie, la religion, les antiquités et le langage de la Gaule jusqu'à la fin du ve siècle. *Paris, chez l'auteur, H. Champion,* 1880-1886, 4 vol. in-8, brochés.

452. SOCIETE DES AMIS DES LIVRES. Annuaires. *Imprimés pour les Amis des livres.* Années : 1881, 1883 à 1888, 1899 à 1903 ; 12 vol. pet. in-8 et in-12, br.

453. UZANNE (Octave). Nos Amis les livres. Causeries sur la littérature curieuse et la librairie. *Paris, Quantin,* 1886. — Les Zigzags d'un curieux. Causeries sur l'art des livres et la littérature d'art. *Id.,* 1888. — Ens. 2 vol. in-12, br.

454. UZANNE (Octave). La Reliure moderne artistique et fantai-

siste. Illustrations reproduites d'après les originaux par P. Al-
bert-Dujardin et dessins allégoriques de J. Adeline, G. Fraipont,
A. Giraldon. Frontispice de A. Lynch, gravé par Manesse. *Paris, Ed. Rouveyre*, 1887, gr. in-8, br. (*Couvert.*).

455. UZANNE (Octave). Bouquinistes et bouquineurs. Physiologie
des quais de Paris, du Pont Royal au Pont Sully. Illustrations
d'Emile Mas. Eau-forte frontispice de Manesse. *Paris, Quantin*,
1893, in-8, br. (*Couvert. illust.*).

456. VALLEE (Léon). Bibliographie des bibliographies. *Paris, Ter-
quem*, 1883-1887, 3 vol. in-8, br.

457. YEMENIZ. Catalogue de mes livres. *Lyon, L. Perrin*, 1865-66,
3 vol. pet. in-4, br.

457 [bis]. CATALOGUES de ventes aux enchères (ce numéro sera
divisé).

> BANCEL, 1882. — BRUNET (Ch.), 2 parties, 1868. — CHAMFLEURY,
> 1890. — DESQ (P.), 1866. — FIRMIN-DIDOT (A.), 1878-84, 6 vol. —
> GUNTZBERGER, 1872. — JANIN (J.), 1877. — MORANTE (marquis de),
> 1872. — NODIER (Ch.), 1844, demi-rel. veau, non rog. — NOILLY (J.),
> 1886. — PAILLET (Eug.), 1887. — LA BÉDOYÈRE (H. de), 1862, 2 vol.
> — RADZIWILL (Prince Sigismond), 1865-66, 2 vol. — RUGGIERI (E. F. D.),
> 1873. — SOLAR (Félix), 1860. — TECHENER (J.-J.) père, 1865-66,
> 10 vol. — TECHENER (Léon), 3 parties, 1886-1889, 3 vol. — YEMENIZ
> (N.), 1867, etc., etc.

ORDRE DE VACATIONS

PREMIÈRE VACATION

Lundi 12 Novembre 1906.

DEUXIÈME VACATION

Mardi 13 Novembre 1906.

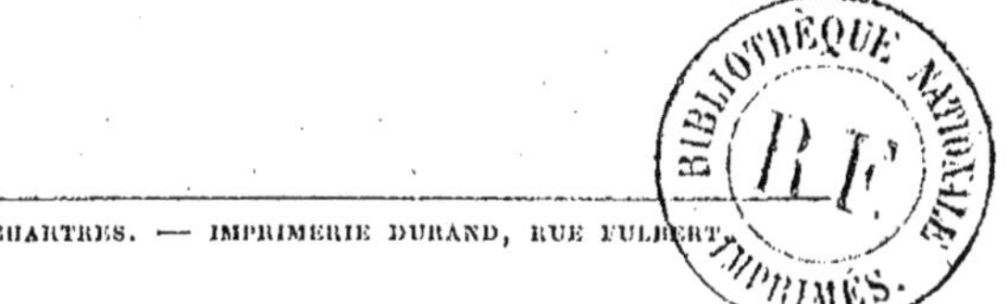

CHARTRES. — IMPRIMERIE DURAND, RUE FULBERT.